JE VOUS FAIS JUGES

RACHIDA DATI

JE VOUS FAIS JUGES

Entretien avec Claude Askolovitch

BERNARD GRASSET
PARIS

ISBN 978-2-246-73401-7

Tous droits de traduction, de reproduction et d'adaptation
réservés pour tous pays.

© *Éditions Grasset & Fasquelle, 2007.*

Bonjour, madame la ministre de la Justice. Vous venez de loin...

On me l'a déjà dit.

Et cela vous déplaît ?

Si vous voulez dire que j'ai travaillé, et que je n'étais pas destinée au départ à devenir ministre... Sans doute. S'il s'agit de suggérer que, venant d'une famille modeste, je ne serais pas légitime... C'est autre chose. J'ai déjà entendu ça. Mais ça ne m'empêche ni de vivre, ni d'avancer.

Vous êtes la première ministre majeure issue de l'immigration maghrébine...

Faisons simple, on gagnera du temps ! Je suis incapable de lire mon parcours de façon ethnique. Ne me le demandez pas. Je ne comprends même pas cela.

Mais cette question des origines travaille la société française?

Pas autant que vous pouvez l'imaginer. Je ne suis pas naïve, je sais que ces choses existent, dans le regard des autres ou dans les attentes que j'inspire, en France ou ailleurs. J'ai rencontré, lors d'un voyage à Rotterdam, une jeune secrétaire d'Etat néerlandaise. Elle est d'origine turque. Elle voulait me connaître. Elle avait souhaité être dans la délégation qui me recevrait. Que je sois à ma place lui fait plaisir – pas pour elle, pas par solidarité culturelle ou ethnique, mais parce que cela signifie, d'abord, que la France est en train de changer. A l'étranger, ma présence au gouvernement montre que la France, au sommet, en vient à accepter sa réalité et sa diversité. Ailleurs, des choses qui nous semblent encore étonnantes se passent très naturellement, et depuis longtemps.

En Europe, un ministre issu de l'immigration est une banalité...

On ne le remarque même pas. Mais on remarquait notre conservatisme. La France intriguait l'Europe. De ce point de vue, évidemment, je ne passe pas inaperçue. Mais cela ne doit rien déterminer de ce que je fais ; cela ne conditionne pas ce que j'accomplis. Et cela ne doit pas influer sur le jugement que l'on porte sur moi ou sur mon action. Ce n'est pas cela qui m'a construite. Je ne fuis rien, mais je ne peux pas être réduite à une origine.

Avez-vous le choix ?

Heureusement ! Et vous êtes de gauche, non ? La réalité, elle est d'abord sociale. Etre née dans une famille modeste, cela compte... Et les enfants d'ouvriers sont assez rares parmi nos élites ! Parlez-moi plutôt de cela, je peux comprendre. Cela a pu jouer dans ce que je suis devenue... Par exemple j'ai fait mes études à l'université, parce que je ne pouvais pas me permettre de tenter les grandes écoles. En classe préparatoire, les cours sont obligatoires. Je travaillais à plein temps pour payer mes études. A plein temps. Je n'avais aucun autre choix. Je n'en tire aucune espèce de gloire, mais c'est ainsi. J'ai passé mon DEUG, ma licence, mes deux maîtrises, sans assister aux cours magistraux, avec les polycopiés et des travaux dirigés, en révisant chez moi. Un jour, un professeur m'a expliqué que je devais choisir : « On fait des études ou on travaille, mademoiselle ! » Quelle remarque surprenante ! Et je devais faire quoi, alors ? Mourir ? Me résigner ? Laisser la place à ceux qui avaient la chance d'être nés du « bon côté » ?

Manifestement, vous n'avez pas renoncé...

Ça n'empêche rien, la preuve ! Mais c'est un obstacle de plus, des angoisses en plus, cette peur de ne pas y arriver, la veille d'un examen, parce qu'on est fatiguée, on n'a pas pu suivre les travaux dirigés, on se débrouille toute seule, et on essaie de faire tenir trop de choses ensemble... Ce handicap-là, c'est finalement le privilège des plus modestes. Ça, c'est concret. Le reste, les origines et ce qu'elles impliqueraient, ce sont des constructions. Les différences, dans notre pays, ce sont des différences de classe. Ensuite...

La lutte des classes ? Voilà un mot peu sarkozyste !

Parce que vous croyez que la gauche est moins conservatrice que la droite? Nicolas Sarkozy m'a fait confiance et il est libre. L'origine des gens, mon origine ou celle de quiconque, n'a eu aucune importance pour lui. Le travail et la loyauté, oui... La compétence. J'ai la faiblesse de croire que mon parcours parle pour moi. Et dans ma responsabilité de ministre, j'avance, et je m'attache à concrétiser les engagements de la campagne présidentielle. Quant à la lutte des classes... L'envie n'a jamais été mon moteur. Je n'ai pas vécu en état de revanche. Mais j'ai connu les remarques mi-figue mi-raisin, les regards vides, qui glissent sur vous, parce que vous n'existez pas socialement. Ou les encouragements faussement amicaux...

Oh, comme vous êtes bien coiffée, bien habillée?

Parce que, venant d'ailleurs, je devrais être vulgaire? Oui, il y a des préjugés. Des freins. Des réticences. Et ce n'est pas la question de Rachida Dati, ou de tel ou tel, c'est une question pour la France. Comment échapper aux pesanteurs sociales, ne pas admettre que les destins sont tracés? Comment surmonter le conservatisme d'une partie des élites? Ça, c'est une question pour la France. On commence à peine à l'affronter.

Votre réussite personnelle est une bonne nouvelle pour la société française. Votre popularité en témoigne. On vous encourage, on vous apprécie, avant même de juger votre action...

Tant mieux si je suis une bonne nouvelle, je préfère ça au contraire! Cette réaction traduit la France dans sa réalité.

Mais on peut critiquer un ministre, même populaire... Ou même les ministres populaires peuvent commettre des erreurs?

Sans aucun doute. Même s'il y a critique et critique; celles qui portent sur le fond, et celles qui naissent du refus même de ma présence, à ce niveau. Mais il y a une différence, palpable, entre l'accueil initial du public, et celui des... des initiés disons! Fondamentalement, les Français sont sans préjugés. Ils sont heureux de voir quelqu'un qui leur ressemble au gouvernement. Une personne qui a eu un parcours pas toujours facile, peut quand même y arriver... Maintenant, ma réussite, on la jugera à l'arrivée. Je rétablirai le lien de confiance entre la justice et le pays ou je n'y parviendrai pas. Je traduirai en lois les engagements du Président de la République, ou j'en serai incapable. Je convaincrai la magistrature qu'elle doit elle-même se réformer pour être plus forte et plus crédible, ou les immobilismes seront plus forts.

Vous serez compétente, ou vous ne le serez pas...

Idéalement, on devrait travailler en silence – je veux dire sans avoir à communiquer sur soi. Simplement sur les projets, et leur avancée, et sur les résultats. Ce qui me fait avancer, ce n'est pas l'envie de prouver quoi que ce soit socialement... J'éprouve une réelle passion pour la justice. J'ai été magistrat avant d'être ministre. C'est une profession que j'ai choisie et qui m'a passionnée. La valoriser, c'est important ! Et si j'échoue, ma « bonne nouvelle » deviendra une très mauvaise nouvelle. Certains y verront la preuve qu'une personne

« différente » ne peut pas y arriver... Cela découragera des gens qui se battent, loin de la lumière...

C'est une responsabilité supplémentaire ?

Je ne dois même pas y penser. Mon travail est un travail objectif. Si l'on se focalise sur ma personnalité, mon originalité supposée, ma différence fantasmée, l'enjeu de ma réussite, on passe à côté de l'essentiel : la politique et ses obligations. Et même personnellement, je ne peux pas me résumer à ça : l'incarnation d'une « bonne nouvelle ». J'existe au-delà de ce que vous projetez sur moi ! Je ne suis pas une preuve, un concept, une idée, un personnage désincarné ! Ma vie n'est pas une « belle histoire » ! Je ne suis pas l'héroïne d'un roman édifiant, à présenter au peuple pour lui arracher des larmes ou l'encourager au travail. Ma vie n'est pas du folklore. Ni Cosette, ni Cendrillon. Le pathos dans lequel tombent certaines personnes, quand elles parlent de moi, en dit plus sur leurs fantasmes que sur ma réalité.

Mais alors, pourquoi ce livre ?

Justement pour cela : mettre fin aux fantasmes, les purger, et pouvoir avancer. Pour essayer de trouver les mots justes et échapper aux clichés. Pour dire la vérité, avant que d'autres ne mentent. Effectivement, ce que je suis s'impose à moi, et faire ce livre, c'est l'accepter, pour ne pas en rester prisonnière ensuite. Ce que je suis peut intéresser, visiblement ? Cela vaut la peine de l'expliquer. Je sais que j'inspire de la curiosité, bienveillante, amicale le plus souvent, mais parfois aussi malveillante, brutale...

Brutale ? Il y a simplement un intérêt pour une personne qu'on ne connaît pas. Il y a un an, vous étiez simple conseillère au cabinet du ministre de l'Intérieur. Au printemps, porte-parole d'un candidat à la Présidence de la République, et maintenant ministre... Laissez-nous nous adapter !

Brutale, j'insiste. Et même indécente. J'ai compris ça de manière très désagréable, d'un coup, quand des journalistes sont allés chercher des photos de famille chez mon père, à Chalon-sur-Saône. Il n'a pas l'habitude des médias, il est fier de moi, il s'est laissé convaincre. J'ai réussi à empêcher leur publication, ce qui m'a attiré la réprobation des bien-pensants : comment s'opposer à la liberté de la presse, n'est-ce pas ? Sauf que la liberté de la presse n'a pas grand-chose à voir avec un viol délibéré de mon enfance, de mon passé, de mon intimité. Je dois des comptes sur mon travail, sur mes engagements, sur mes réalisations. Je dois des comptes au peuple français, aux justiciables, au Président de la République qui m'a accordé sa confiance. Je dois des comptes à l'opinion publique, mais sur mon action au ministère. Là, avec cette histoire de photos, j'ai réalisé qu'on me demandait autre chose. Ou qu'on allait me prendre, sans me demander...

Les gens sont prêts à vous aimer, un grand journal leur offre des images de vous. Pourquoi la publication de simples photos de famille vous était-elle insupportable ?

Pour des raisons qui m'appartiennent. Parce que ces images sont à moi. Parce que vous ne savez pas ce qu'elles peuvent représenter. Des instants de vie, beaux, inoubliables, tristes, douloureux, coupants comme du verre. Chaque image me renvoie à des instants, des sons, des voix... Ma mère est morte. Dans mon âme, dans mes pensées, elle est présente, tout le temps, tous les jours. Mais chez moi, je n'ai pas de photo d'elle. Chacun fait comme il peut avec ses chagrins... Les photos que ces journalistes ont prises, ce sont des photos que j'avais chez moi, à Paris, que j'ai descendues moi-même à Chalon, qu'on a mises dans une armoire. Je ne voulais plus les voir. Ce n'est pas pour les retrouver dans la presse. L'exposition publique n'autorise pas tout...

Mais vous êtes exposée...

Et donc je travaille pour être digne de cette attente. J'essaie. Mais ma vie m'appartient. On m'a expliqué à quel point la publication de ces photos ne ferait pas de mal à mon image, et même me donnerait de la densité. De la densité ! Quelle hypocrisie ! J'ai bien compris, aussi, que l'intérêt porté à mon frère Jamal, lors de son procès, n'avait rien à voir avec lui, ou plutôt tout à voir avec moi... Des jeunes gens qui ont plongé dans la drogue puis dans la délinquance, qui ont dealé pour payer leur consommation, il y en a hélas des centaines, des milliers. D'autres familles ont connu ce déchirement, cette impuissance quand quelqu'un que l'on aime est en train de dévier, de sombrer. Mon frère Jamal n'a pas eu de chance médiatiquement : sa sœur est exposée. Ministre. Parler du frère permettait sans doute de viser la sœur – oh, bien élégamment, en prenant prétexte de « l'intérêt humain » de l'histoire ! Je n'y vois que de l'hypocrisie voyeuriste. A la minute où j'ai été nommée, j'ai compris que le compte à rebours avait commencé. Qu'il allait devenir un personnage médiatique, alors même que je n'excuse rien de ce qu'il a fait.

Ça l'a desservi judiciairement ?

Mon frère a commis des actes répréhensibles, il a été jugé et condamné pour cela. Un autre de mes frères, Omar, sera jugé pour des faits du même ordre. Je n'interviens pas, ne commente pas, je ne veux pas, et ne souhaite pas m'approcher de leurs démêlés judiciaires. C'est bien le moins ! Ce dont je parle ici, c'est du bruit fait autour d'eux. Il n'a aucun sens. Ne se justifie en rien. Ce que tel ou tel membre de ma famille est devenu, a accompli, en bien ou en mal, n'a rien à voir avec mon parcours, ni avec mon action. Mais pourtant...

Donc, vous vous montrez pour échapper au voyeurisme.

Je préfère dire mon parcours moi-même, ne serait-ce que pour échapper aux clichés. Je préfère les réfuter, directement! Ou expliquer. Démonter tout ce que l'on peut penser de moi, autour de moi... J'ai toujours été rétive à l'introspection, et plus encore au déballage. Je n'en voyais pas l'utilité, et puis, je n'avais pas le temps. Je devais faire tenir ensemble bien des choses. L'amour pour ma famille, mes études, comment les financer, comment survivre... Il me fallait y arriver.

Arriver à quoi?

A avancer. Mon père était maçon. Il nous expliquait comment construire un mur. Une brique, du ciment, une autre brique, tu poses, ça tient? Ça tient. Tu continues. C'est ça, ma vie. Construire un mur. Y aller brique après brique. Mais j'avançais sans avoir aucune visibilité, à long terme. Je ne savais pas ce qu'il y avait au bout, ni même si je l'atteindrais... Vous savez... Je ne me suis jamais racontée complètement. Ma vie a été cloisonnée. J'ai été, je suis encore, très secrète et très protégée.

Par précaution?

Ça s'est fait ainsi. Je me suis construite de cette manière. En progressant, sans doute. A chaque fois, j'arrivais dans un nouvel endroit, j'étais toute neuve. Partant de Chalon-sur-Saône pour Dijon afin d'aller en fac. Quittant Dijon pour venir à Paris. On a des habitudes, un entourage – des amies de classe, de fac, de travail, puis on bouge. La plupart du temps, je bougeais seule. Mes camarades de lycée se sont mariées après le bac. Mes amies de Dijon sont restées en Bourgogne. J'avançais seule, et je recommençais à construire. Du coup, il y a peu de témoins de l'ensemble de ma vie. Personne, pour ainsi dire, sauf moi. Personne qui ait toutes les clés, qui ait tout appréhendé.

Vous n'avez gardé personne en avançant?

Des amies, si. Importantes, parce que rares. Et ma famille. Les rapports de confiance, absolus, sans réserve, je les ai eus avec maman, avec mon père ou certaines de mes sœurs. On peut tout se dire ou ne pas se dire, parce qu'on se comprend sans parole. On peut avoir des chagrins et dire pourquoi on a un chagrin. On peut se dire : je n'y arrive plus. Je le disais à maman qui m'interrogeait : « Mais pourquoi tu es comme ça ? », je disais : « Ma vie est comme ça... » Les moments où trop de choses devaient tourner, en même temps. Où j'avais l'impression d'une course sans fin...

Vous êtes dure à lire ?

Pas tant que ça. Ce que je suis, ce qui m'arrive, beaucoup de personnes peuvent le comprendre. Vous dites que je viens de loin... Je ne suis pas la seule. Mais vous regardez ça de l'extérieur. Vous imaginez mon point de départ, vous voyez ce que je fais aujourd'hui, et vous comparez le décalage. Mais c'est le parcours qui compte. Il s'est fait beaucoup plus naturellement que ça. Je ne suis pas passée d'une HLM de Chalon à la Place Vendôme du jour au lendemain ! Evacuez le côté magique, les bonnes fées se penchant sur une pauvre petite et la hissant au sommet de la société ! Ça n'existe pas, ces choses-là. Ce qui existe, ce sont des étapes. Elles sont rudes, mais il n'y a pas de miracle. Il y a des doutes, des échecs, des chutes, et après on repart. On met un genou à terre, on se relève. On avance. Il y a des rencontres...

Dans votre parcours, on croise Albin Chalandon, Simone Veil, Marceau Long, Jacques Attali, qui tous vous ont aidée, quand vous n'étiez rien. Vous avez un des plus beaux carnets d'adresses de Paris – ce qui n'était pas acquis au départ pour une petite jeune fille d'une famille d'immigrés de province !

Je suis allée vers des personnes qui étaient de belles personnes et qui ont voulu m'accompagner... Et ce qu'elles ont fait pour moi, en me donnant leur confiance, est au-delà des mots.

Ça n'arrive pas à tout le monde. Votre ascension sociale, c'est aussi l'excuse d'une société fermée ?

La société n'est pas toujours bien faite. Elle a la chance de compter en son sein des gens généreux, qui donnent et qui aident. Mon parcours prouve l'existence de ces personnes. Et que tout n'est pas impossible, même si, pour beaucoup de gens, l'ascension sociale est un rêve. Mais ce n'est pas la France, ni les Français, qui sont à blâmer. Sans doute, une petite partie des élites, et quelques préjugés. C'est déjà beaucoup.

Ce que vous êtes aujourd'hui, c'est la réalisation d'une ambition ?

Dites d'un arrivisme ! C'est une idée bien arrangeante, n'est-ce pas ? Si quelqu'un progresse, qui n'était pas prédestiné au sommet, c'est qu'il a triché, ou qu'il était dévoré d'ambition, qu'il était prêt à tout, qu'il était calculateur, cynique, manipulateur... Seuls ceux qui sont nés du bon côté de la fracture sociale seraient honnêtes et intelligents, cumulant le mérite et le succès !

Ce n'est pas ce que je suggérais.

Non ? Mais je poussais au bout cette logique qui, souvent, entoure les gens qui ont brisé des frontières sociales. Quand des journalistes s'en vont enquêter pour savoir si, par hasard, je n'aurais pas volé ou acheté mes diplômes, ils sont dans le soupçon... Ils alimentent cette idée que seuls les installés sont légitimes. De même, quand on évoque mes capacités d'intrigante mises au service de ma terrible envie de pouvoir. Comme si le monde politique était composé de modestes tendrons dépourvus de toute velléité de carrière, et que la terrible Rachida Dati venait bousculer !

On n'arrive pas où vous êtes sans l'avoir beaucoup voulu...

On peut avancer sans avoir de manière permanente l'idée de dévorer tout le monde. Ce n'est pas ça, le moteur. Ce n'est pas comme ça que l'on évolue... On prend les choses comme elles viennent. Une étape après l'autre. On n'est pas taraudé par les sommets, mais par l'idée d'un obstacle qui s'efface. Je vais passer le brevet, suis-je capable de passer le brevet ? C'est fait. Puis le bac. C'est fait. Ensuite, que faire après le bac ? Aller à Dijon, parce qu'il n'y a pas de fac à Chalon. Ensuite, Paris... Tout est logique. J'ai rêvé ma vie, comme tout le monde, mais plus simplement que ça. J'ai choisi des études parce qu'elles me donneraient un emploi. Je suis venue à Paris parce que l'industrie me passionnait, que j'avais envie d'entrer en entreprise. J'ai pu m'imaginer, petit à petit, à un poste de direction. Grandir, à mon rythme appliqué, besogneux. Jamais, plus jeune, je n'ai pensé au pouvoir, à la politique. J'étais loin...

Vous n'avez pas été une petite fille qui regardait Paris, de loin, en se disant qu'un jour, elle connaîtrait les sommets ?

J'ai été une petite fille qui ouvrait des grands yeux sur le monde, qui trouvait que l'enfance n'allait pas assez vite, qui voulait comprendre, rencontrer des gens. Gamine, j'avais l'impression d'un temps qui s'écoulait au ralenti... Je n'étais pas malheureuse. J'aimais mes parents, ma famille. Mais mon Dieu que l'enfance était longue ! J'avais soif du monde, sans y mettre quelque chose de précis. Il y a une expression de Nicolas Sarkozy qui me va bien : j'avais tous les capteurs ouverts. Ne rien laisser perdre de la vie autour de moi. La richesse des gens. Ce qu'ils me donnent, quand je les entends. Quand je les regarde. Capter dans les yeux en face, capter dans les lieux professionnels, capter dans les milieux étudiants, capter dans ma famille, capter à l'école. Partout, et depuis toujours.

C'est comme ça que vous avez appris la France d'en haut?

Mes capteurs, je les ai ouverts depuis toujours. Sur les personnes qui m'ont aidée, à Paris. Mais avant aussi. Sur les sœurs qui nous encadraient à l'école. Sur un professeur de maths que j'exaspérais, parce que je n'avais aucune patience pour les élèves qui comprenaient moins vite que moi! Sur un prof de fac à Dijon chez qui j'allais, après les cours. Sur des collègues, des malades, des médecins, quand je travaillais dans des cliniques... Aujourd'hui, je scrute Nicolas Sarkozy. Je regarde, je m'imprègne, et j'assimile.

Quand on accomplit un long chemin, on se perd en route? On regrette d'avoir grandi au-delà des siens? Vous connaissez ce remords de leur être devenue – comment dire – supérieure?

Mais on ne coupe pas avec ce que l'on est! Et, pardonnez-moi, l'idée d'être supérieure à qui que ce soit m'est totalement étrangère!

On est différent de ses parents. On parle de choses qu'ils ne maîtrisent pas forcément... On peut se sentir décalé.

Mais on aime pareillement. Rien ne change, et surtout pas soi-même. Et on est toujours vue de la même manière par les siens. Et on ne quitte jamais sa source, son enfance. Parfois, évidemment, il y a des décalages. Cela n'a rien à voir avec une rupture. Ce sont des situations quelquefois baroques...

Par exemple ?

Vous voulez une histoire ? L'été dernier, je pars au Maroc, deux, trois jours, pour voir ma famille, aller sur la tombe de maman, me retrouver avec des tantes, des cousines, mes sœurs et mon père qui sont aussi en vacances... Mon père a construit une maison dans un quartier populaire de Casablanca. L'été, on se retrouve chez lui...

Chez vous ?

Chez moi, c'est aussi Chalon-sur-Saône, c'est Paris, c'est la France ! Le Maroc, c'est le pays d'où vient mon père, comme l'Algérie est le pays où maman est née. Petite fille, j'y allais en vacances, avec mes parents, dans des péripes automobiles interminables. Chalon, Lyon, Montpellier, Narbonne, Perpignan, Le Perthus, Barcelone, Tarragone, Saragosse, une autoroute jusqu'à Valence, puis après toute l'Espagne, Grenade, Algésiras, le bateau, Tanger! On dormait dans la voiture, dehors, sur les parkings de supermarché. Les dernières années, quand nous avions grandi, nous étions passés du break Peugeot au combi Volkswagen, à la petite camionnette. On l'a toujours, ce combi, d'ailleurs; on est incapables de s'en séparer.

Le parfum de l'enfance.

Je vous vois venir. Raconté aujourd'hui, c'est amusant. Avec mes sœurs, quand on en reparle, on en rit. Mais quand on le vit, enfant, c'est autre chose. Quatre jours dans la voiture, la chaleur, un père tendu, les enfants qui s'agitent, et on passait notre temps à nous faire gronder... Le folklore, c'est adorable vu de l'extérieur. Mais dès que j'ai eu les moyens de prendre l'avion, je n'ai pas regretté la route....

Et le Maroc cette année ?

Pour ma famille, rien ne change. Ils sont contents que je vienne les voir. Ils sont fiers de moi, mais je suis toujours celle qu'ils ont connue petite et qui a grandi. J'arrive là-bas, c'est un tourbillon. La famille, les amis, les voisins, ils viennent faire la fête. On passe d'une maison à l'autre, il y a de la musique... Bref. Cet été, j'arrive donc chez mon père, mais Paris était encore derrière moi. C'était juste après le rapt, puis la libération du petit Enis, cet enfant de 5 ans enlevé par un pédophile récidiviste. Je devais boucler un entretien avec *Le Figaro magazine*, sur la protection des enfants, et les réponses judiciaires nécessaires.

La routine de la communication...

Le sujet est dramatique et majeur. Mais, c'est vrai, une interview est un exercice assez classique. J'allais, évidemment, évoquer la délinquance sexuelle, les déviants récidivistes, les moyens de limiter leur dangerosité. Mon travail. Mais j'étais en famille... et voyez-vous, il était délicat de prononcer certains mots devant mon père ! Dire « délinquance sexuelle » devant lui, c'était un peu compliqué. C'est une question de respect, quelque chose qui me vient du plus loin de l'enfance. Une pudeur qui m'habite, qui me revient dès que je suis replongée dans cette atmosphère... Or là, j'étais chez lui. Dans son salon, en train de recharger mon portable dont les batteries étaient vides. Devant papa, solidement calé devant sa télévision, le son à bloc, et qui faisait mine de ne pas m'écouter, tout en m'écoutant évidemment! Et à Paris, le journaliste qui ne comprenait rien à mes périphrases pour éviter les mots qui gênent... On parlait d'un sujet terrible, et la scène avait quelque chose de surréaliste.

Votre père écoutait ?

Je lui faisais signe de baisser le son. Il maugréait, « je suis chez moi quand même » – sous-entendu, toute ministre que tu es, je suis ton père! En même temps, en ne baissant pas le son, il me faisait comprendre que je pouvais parler de n'importe quoi, qu'il n'entendrait pas... Mais je n'y arrivais pas...

Finalement?

Finalement, je m'excuse auprès du journaliste, je lui dis que je vais le rappeler. Je recharge mon téléphone, et je décide de sortir de la maison pour parler tranquillement. Mais dehors, il y avait les voisins et du bruit. Impossible de parler dans ces conditions. Alors, j'ai fini par rappeler Paris sur mon portable, accroupie derrière la porte, devant ma sœur Malika, littéralement pliée en deux de rire... C'est ainsi que j'ai bouclé mon interview.

La comédie de la ministre...

La vie. Quand je suis avec mes tantes au Maroc, ou avec mes frères et sœurs, nous avons, les uns avec les autres, les mêmes réflexes, les mêmes comportements que pendant notre enfance. On vit comme lorsqu'on était avec maman, comme lorsqu'on était enfants. Nos réflexes sont les mêmes. On se fait attraper par mon père comme jadis. Nous sommes adultes, mais nous retrouvons ce que nous avons toujours été... La pudeur en fait partie.

Tu ne prononceras pas le mot « sexuel » !

La veille de mon départ, j'avais été interrogée au 20 heures de France 2. Ma sœur m'a raconté que la famille avait regardé, évidemment, mais sur le pas de la porte, pour cause de langage trop cru ! « Tu as passé ton temps à nous faire fuir du salon ! » Dès que je prononçais des mots triviaux, toute la famille sortait de la pièce, pour ne pas entendre ces mots devant mon père...

Et lui ?

Lui, il ne bougeait pas, il suivait mon interview. Il m'approuvait dans ma rigueur. Mon père n'est pas laxiste !

Lui pouvait vous entendre, mais vos frères et sœurs, non. Pas devant lui. Les codes familiaux échappent à la logique...

C'est de la pudeur. Parfois encore, quand nous sommes avec mes frères et sœurs, on change de chaîne quand des scènes sont trop crues, trop osées. Si on est seuls, chez nous, on regarde. Mais ensemble, c'est plus malaisé. On a grandi là-dedans. On ne sort pas comme ça de vingt ans d'éducation! Ça a toujours été comme ça, en famille, mais pas seulement. Toutes les familles de mon quartier d'enfance se ressemblaient, quelles que soient leurs origines! Même culte du travail et de l'honnêteté, même rigorisme moral, même autorité des parents... A l'école, on m'a inculqué les mêmes valeurs. J'ai été en classe chez des sœurs carmélites, et ça aussi, ça marque! Ma plus vieille amie s'appelle Valérie, je la connais depuis l'école. Nous n'avons jamais prononcé un mot cru entre nous; et je ne me souviens pas d'avoir regardé une scène... leste... à la télévision avec elle.

Mais dans votre vraie vie, vous n'êtes pas...

Tout fait partie de la vraie vie! Mais oui, à Paris, je suis une femme moderne de 41 ans. Mes sœurs, mes amies, sont comme moi. Mais ensemble, dans notre matrice, on se moule dans les évidences de l'enfance. Naturellement. L'été dernier, au Maroc, je suis chez ma tante, et nous recevons une visite d'une amie de ma mère. On bavarde. Les deux dames me parlent, elles sont très fières de moi, tout va bien. Puis elles en viennent aux choses sérieuses. « Bon, tu es ministre, c'est bien. Mais tu n'es pas mariée. Et quand ça va s'arrêter, quand tu ne seras plus ministre, tu seras seule. Et qui va s'occuper de toi alors, hein, quand ça sera fini ? Pas tes neveux et tes nièces, eux, ils s'occuperont de leurs parents ! » Et ça continue ainsi, et peu importe Paris et la Place Vendôme... Seul compte ce fait irréfutable que je ne suis pas mariée et que je n'ai pas d'enfant !

Vous vous défendez ?

Non, je m'interroge. Et naturellement, comme malgré moi, je suis happée par leur logique. C'est la réflexion d'un moment. Ce n'est pas quelque chose qui m'habite aujourd'hui, quand je vous parle...

Le grand écart mental ?

Tout le monde le pratique. Mais tout est complémentaire.

C'est plutôt drôle...

C'est drôle parce que je suis libre, parce que j'ai accompli ma vie, parce que je ne dépends de personne. On peut en rire quand on est vraiment libre. Mais quand vous ne l'êtes pas, ce n'est pas drôle. Imaginez que je sois chez mon père, sans travail, sans rien, et que je ne sois pas mariée, avec ma tante qui viendrait me faire la leçon, parce qu'elle penserait que c'est juste. J'avais une envie de réussir, une capacité à étudier, à me battre, qui m'ont permis de me libérer. Mais je connais des jeunes femmes qui n'ont pas eu cette force, cette chance, ou même ce choix. On en connaît toutes. Elles finissent par se marier, n'importe quand, en espérant une autre vie...

Devenir libre, c'est votre histoire ?

Travailler, c'est mon histoire. Travailler simplement. Non, pas simplement. Enormément. Effectivement, la liberté est au cœur. Parfois, j'ai eu peur de perdre cette liberté et de perdre mon âme. C'est arrivé. Ça a été terrible. J'ai réussi à me préserver.

Perdre votre âme... Le mot est terrible !

C'est une histoire déjà ancienne. On en reparlera ensuite, peut-être, voulez-vous ? Enfin... Pour le dire très vite : un jour, j'ai accepté de me marier. Je me suis mariée, en fait, avec un homme avec lequel je n'avais rien à partager. Une connaissance, en Algérie, qui avait fait une demande officielle, l'été, pendant des vacances. Ce n'était pas un mariage forcé, n'allez pas puiser dans les fantasmes et les clichés. J'étais adulte, je vivais à Paris, je travaillais, et nul ne me forçait à rien. Mais je l'ai décidé sans le vouloir. J'étais comme hors de ma vie en m'engageant. Je l'avais fait par abandon; pour faire plaisir à ma famille, qui était tellement heureuse, pour ne plus être célibataire, ne plus subir de questions. Parce que j'étais une femme, et une femme, finalement, doit se marier... Parce que, depuis mon adolescence, je travaillais à me construire, et j'ai cru, un moment, à tort, accomplir une autre étape... Parce que je pensais que c'était plus simple...

Et ça ne l'était pas ?

Il n'y avait pas d'amour, pas de vrai choix, pas de désir de vivre et de partager... C'était impossible. L'homme que j'épousais n'y était pour rien. Mais c'était impossible. Je me suis mariée, et aussitôt, j'ai voulu effacer cela. Immédiatement. J'ai demandé l'annulation du mariage, après une cérémonie où je m'étais rendue librement, mais comme malgré moi. Absente et effarée de ce que je faisais. Décidant, alors même que je disais « oui » à la mairie, que tout cela ne pouvait pas exister. Ne pourrait pas exister. J'ai eu des moments pénibles, comme tout le monde. Mais ce mariage, c'est le moment précis où je me suis vue abdiquer. Perdre mon âme en acceptant quelque chose sans le vouloir profondément. Et j'ai refusé cela.

Le mariage a été annulé ?

Oui. Cela m'a pris plusieurs années. Aujourd'hui, juridiquement, c'est comme si je ne m'étais jamais mariée. C'était une question vitale. Une question d'intégrité. Ma famille m'a comprise. J'ai repris ma vie. Mais voyez-vous, je sais ce que cela représente, pour une femme – pour n'importe qui en fait –, d'être submergée au point de céder sur le plus précieux : l'intégrité. J'y ai échappé, mais on ne reste pas indemne quand on a frôlé cela.

On a du mal à vous imaginer fragile au point de...

Ce n'était pas de la fragilité, je vous l'assure. Mais restons-en là pour le moment, voulez-vous?

Quel est votre plus vieux souvenir?

J'ai 5 ans. Je suis à l'hôpital de Chalon-sur-Saône avec maman. Mon père a eu un accident de voiture. Il est dans le coma. Des gendarmes sont venus à la maison dire que papa était mort. Ils se sont trompés, mais on ne le découvre qu'à l'hôpital. L'accident est grave.

Pourquoi êtes-vous avec votre mère?

Elle a un rapport particulier avec moi, sans doute. Et dans la famille, j'avais une place singulière, la fille la plus proche des parents... Je me chamaillais beaucoup avec mes frères et sœurs. Je ne voulais pas qu'on m'embête, déjà! Maman n'a pas voulu me laisser. Je me souviens d'une salle d'attente, une salle avec des rideaux avec de grosses franges en plasti-que. C'étaient des religieuses qui tenaient cet hôpital. Je n'avais pas le droit d'entrer dans la chambre de papa. Mais je suis entrée quand même, après maman. J'ai cette image de mon père allongé sur un lit, il est tout ensanglanté, il a une serviette sur le corps. Maman est effondrée, elle dit qu'elle ne le reconnaît pas... Ensuite, je me souviens d'être allée avec elle sur le lieu de l'accident. La voiture avait brûlé. On essaie de récupérer des choses. On trouve une chaussure et un morceau de pantalon... Est-ce que la vie déforme les souvenirs d'enfance? Mais je vois très bien cette image. L'hôpital, une chaussure et ce bout de tissu.

Votre plus vieux souvenir est celui d'un drame...

Je ne sais pas... La conscience de la mort – ce que ça représente, vraiment, absolument –, je l'ai apprise plus tard, adulte, quand maman est morte. Avant, je ne savais pas. Quand ma grand-mère est morte, je n'étais pas capable d'appréhender la peine de ma mère. J'ai su ensuite, quand elle est partie. Quand on me l'a prise. On ne guérit pas de ces choses-là. L'accident de mon père a changé sa vie. Avant, il était maçon, et ce métier était sa fierté... Après, il a dû renoncer. Il était sujet aux vertiges et ne pouvait plus supporter les échafaudages. Ça le minait. Il est devenu ouvrier en usine, chez Saint-Gobain. Mais quand nous remplissions les fiches de renseignements, à l'école, il nous demandait d'écrire « maçon » en face de sa profession. « Maçon, c'est mon métier. »

Ça le minait?

Aussi loin que je remonte, je me souviens de mon père qui travaillait, encore et encore. La vie l'assiégeait. Un homme tendu, dur, d'une grande intransigeance. Capable de brutalité. Et en même temps d'une curiosité totale, porté par un désir d'apprendre... Il nous poussait à l'école. Quand nous rapportions des bonnes notes, il ne s'extasiait pas. C'était normal. On verrait à la fin de l'année s'il y aurait toujours de quoi se réjouir! Il en fallait plus. Toujours plus. Il était habité par l'idée que nous devions réussir. Que ses filles, notamment, devraient avoir des vies belles, pleines, libres. Une vie meilleure que celle de notre mère... Longtemps, je l'ai trouvé trop dur, avec ma mère notamment. Et puis quand elle est morte, il s'est effondré, totalement. Il voulait partir avec elle. Il n'avait plus goût à rien. J'ai réalisé quelque chose, peut-être tard : ils n'avaient vécu que l'un pour l'autre, l'un par rapport à l'autre. J'avais fini par croire que c'étaient nous, les enfants, la famille, qui les tenions ensemble. Non. Leur vie, la réalité, c'était eux. Leur histoire.

Que savez-vous de l'histoire de vos parents ?

Ils ont été un couple, au-delà de tout. Lui, M'Barek, et elle, Fatim-Zohra. Ils se sont choisis. C'est arrivé en Algérie, c'était encore l'Algérie française. Maman était de Nemours, aujourd'hui Ghazaouet. Mon père, lui, venait du Maroc. Un travailleur immigré, déjà – beaucoup de Marocains venaient travailler en Algérie. Mon père venait d'une famille très pauvre, venue de la campagne à Casablanca. Il avait envie de voir du pays. Partir, c'était la possibilité de travailler, de vivre, d'être libre... Il a commencé à voyager très jeune, à 13 ans ! Il a pris goût à l'Algérie, où la vie était plus décontractée... Ce que me racontait maman, c'étaient des fêtes, des mariages, des tourne-disques, la musique. Une insouciance... Ils se sont rencontrés ainsi. Lui qui était dur, elle qui était la joie même... Je ne ressemble pas du tout à maman. Elle avait une peau laiteuse, et les yeux noisette. Pour mon père, elle était la vie. Il l'a demandée en mariage. Ils se sont mariés. Ils se sont installés à Oran...

Oran, que la guerre d'Algérie avait long-temps épargné...

Dans les histoires que je perçois, cette guerre n'apparaît pas. Pour eux, l'Algérie a été un moment de vie, de bonheur. Ils habitaient dans le quartier juif espagnol. Ma sœur Malika est née là-bas. Puis il y a eu des tensions entre l'Algérie et le Maroc, et mon père a dû partir. Ma grand-mère est allée voir sa fille, maman, et lui a demandé de ne pas le suivre. Elle avait peur pour elle, de la voir partir dans un pays étranger, chez des inconnus. « Laisse-le partir. Donne-lui son enfant et laisse-le aller... »

Votre grand-mère ne faisait pas confiance à son gendre ?

Elle l'aimait et le respectait. Mais elle ne voulait pas que sa fille s'en aille ! C'est l'inconnu qui l'effrayait. Mais maman ne l'a pas écoutée. Elle le voulait. Elle l'a suivi. Mon père et ma mère sont donc partis au Maroc. Et là, le choc. Pour ma famille paternelle d'abord : maman détonnait dans un milieu traditionnel. Mais mon père lui disait de ne pas s'inquiéter... D'ailleurs, il ne voulait pas rester au Maroc. Il voulait partir à nouveau... Il est allé signer un contrat pour partir en France. Il a débarqué à Chalon-sur-Saône... Et aussitôt, il a fait venir maman. Elle est partie quelques mois plus tard, avec ma sœur, enceinte d'un petit garçon qui n'a pas vécu... Elle est arrivée à Chalon. Et après, la vie a commencé...

Vous aimez cette histoire ?

C'est l'histoire de deux personnes qui se sont choisies. Ils sont partis créer quelque chose à eux, en France, dans un pays dont ils ignoraient tout. Mes parents se sont rencontrés pour une victoire, ils se sont rencontrés pour de l'avenir.

Et l'avenir, c'était vous...

Tous leurs enfants. Je suis l'aînée des enfants nés en France. Nous sommes sept filles et

43

quatre garçons – et ajoutez ma nièce, la fille de ma sœur aînée. Une famille nombreuse, modeste, dans un quartier populaire d'une ville de province. C'est une histoire française. Des millions de gens l'ont vécue. On a habité dans un quartier de petites maisons, un peu délabrées, rue de la Verrerie. Puis en cité HLM, quand la famille s'est agrandie. Papa travaillait. Maman était à la maison. Elle chantait en écoutant la radio. Elle aimait Joe Dassin. Elle chantait *L'Amérique*. Et Nicoletta, *Mamy Blue*. Elle adorait coudre. Il y avait un magasin à Chalon, un magasin de tissu qui s'appelait : « Au bonheur des dames ». Elle allait dans ce magasin, elle y allait tout le temps, elle achetait du tissu et hop, elle était à peine rentrée qu'elle coupait le pantalon, la jupe, le truc, le machin, le petit foulard, la marinière... Elle faisait beaucoup de robes avec des marinières. Et des coussins pour les banquettes, les couvre-lits, les rideaux... Nos vêtements étaient assortis à la maison !

Foyer, doux foyer...

Plus encore que vous croyez. Je n'aimais pas en sortir. Je n'aimais pas quitter mes parents. J'étais bien avec eux, la maison. Petite fille, on m'avait envoyée en colonie de vacances. J'avais fait tant d'histoires qu'il avait fallu me ramener à la maison. Mon père était venu me chercher, et du coup, il avait également ramené Malika, qui m'en a voulu. « A cause d'elle, on ne peut pas aller en colonie. » Je n'avais qu'une envie, c'était d'être avec mes parents... Mes sœurs adoraient aller dormir chez mes cousines. Nous n'étions pas vraiment autorisées, mais quand on avait le droit et la possibilité, elles adoraient. Je ne voulais pas y aller. Je voulais rester avec eux.

C'est drôle, parce qu'en même temps, de toute la famille c'est vous qui êtes partie aussi loin que possible.

Mais je n'ai pas rompu. Je ne suis pas partie pour fuir la famille, mais pour accomplir ma vie, pour être libre. Mais je suis toujours revenue à ma source, mon ancrage. La maison, c'est l'endroit où je faisais les devoirs, en mettant les coudes sur la table, en écoutant maman, en me chamaillant avec mes frères et mes sœurs. J'avais des amies, mais je n'avais pas envie qu'elles viennent chez moi. Ça me dérangeait, ça m'énervait presque. Y introduire un élément extérieur, fût-ce une amie, me paraissait incongru. Ce n'était pas de la sauvagerie – simplement, j'aimais notre bulle.

L'autarcie familiale vous a modelée.

Oui. On se suffisait à nous-mêmes. Je suis restée ainsi, même après mon départ. Le noyau familial, c'est le lieu où je peux me retrouver libre, sans contrainte. Sans programme, sans obligation. Quand je revenais à la maison, les week-ends, je pouvais rester sans rien faire toute une journée, à être simplement là. Maman essayait de me faire bouger. « Tu ne vas pas rester scotchée sur cette banquette ? » Elle essayait de m'entraîner faire des courses, me proposait que je l'accompagne à des mariages... « C'est la vie ! » Mais non, je ne bougeais pas. Mon père lui disait, « si elle ne veut pas perdre de temps à ce truc, laisse-la tranquille ! »

Rachida qui ne bougeait pas... Votre maman n'était pas comme ça.

Je l'ai aimée et je l'aime au plus profond de moi, mais je tiens de mon père. Je suis capable de rester totalement seule, pendant des heures... Mais aussi, son envie d'apprendre. Papa est quelqu'un qui a eu soif de comprendre, de découvrir. Il a fait ses études en même temps que ses enfants. Il a appris à lire avec nous, et il a continué ensuite...

Il ne savait pas lire avant ?

Mais il a appris. Avant, c'étaient les enfants qui étaient préposés à la lecture et à l'écriture. Ma sœur Malika, d'abord, puis moi – plus jeune, j'étais vouée aux tâches ménagères pour aider maman ! Mon père nous faisait faire des lettres de réclamation, si l'électricité ne fonctionnait pas, ou sur le loyer. Ou bien, il nous faisait réclamer des brochures... Il était d'une curiosité inlassable et parfois baroque. Comme il était maçon, il s'intéressait à la composition du béton. Il nous faisait faire des recherches sur la composition du béton ! On n'y comprenait rien, on tâtonnait dans le brouillard pour lui rapporter ses infos. Ensuite, après son accident, il est allé chez Saint-Gobain. Il s'est alors passionné pour la composition du verre. Nous, on suivait comme on pouvait. On se faisait attraper si on séchait. « Vous savez en quelle année a été créé le verre ? » Je me souviens de cette question et de mon désarroi ! « En quelle année a été créé Saint-Gobain ? » Et puis des explications techniques, sur le soufflage, sur le moulage... Nous étions largués ! On allait chercher les réponses. Une de mes copines avait l'encyclopédie *Tout l'Univers*. On piochait dedans. Et lui, il nous rapportait des brochures de l'usine...

L'autodidacte familial !

J'adorais ça. Je relevais ses défis. Je lui racontais ce que j'apprenais à l'école. Il suivait. Il anticipait. Il poussait. Il me rapportait des journaux. Il m'a alimentée, même quand je suis devenue étudiante. J'en ai gardé un amour inconditionnel de la chose imprimée. Je lisais tout ce qui nous tombait sous la main... *La Vie ouvrière*, le journal de la CGT. J'aimais beaucoup ce journal. Il y avait du droit social, des cas pratiques... *L'Humanité* aussi.

Il lisait L'Huma *?*

Mon père le rapportait de l'usine. Il était syndiqué. Avec lui, on parlait bientôt politique, l'actualité le passionnait. Je me souviens de la mort de Pompidou... J'avais 8 ans ! De conversations sur Messmer. C'est mon père qui m'a parlé d'Albin Chalandon, bien avant que celui-ci ne joue un rôle dans ma vie. De mémoire, je crois qu'il y avait eu un portrait d'Albin Chalandon dans *Le Figaro*. J'avais dit à mon père : « J'aime bien ce prénom, Albin. » Et il m'a dit : « Mais tu sais, Albin Chalandon, c'est un grand homme qui a été ministre de De Gaulle, président d'Elf, ministre de l'Equipement. » Et quand j'ai croisé Albin Chalandon dans une réception, je me suis souvenue du portrait...

A un moment, vous avez dépassé votre père – quand vous êtes entrée dans le monde...

On ne dépasse pas ses parents, on construit une vie. Quand j'ai grandi, ça a été mon tour de lui rapporter des journaux. Maman finissait par craquer. Elle m'adjurait : « Je te préviens, tu ne lui ramènes plus ni des journaux ni des livres ! » Elle adorait les bibelots, elle aurait voulu décorer sa maison de petits objets, délicats, de photos de ses enfants... Mais tout ce qu'elle aimait remplissait les armoires, et papa accumulait. Il gardait tout ce que je lui donnais, jusqu'à la moindre coupure de presse. Maman faisait de la résistance. Elle jetait, par en dessous, pour garder un volume constant de paperasse ! Un jour, je me rappellerai toujours, j'avais 20 ans ; papa cherchait une revue ou un article, je ne sais plus. Mais maman l'avait jeté ! On n'a rien osé lui dire. On a fouillé la poubelle à 2 heures du matin, on a exploré le vide-ordures de la colonne de l'immeuble, on s'est retrouvés avec les couches-culottes, les boîtes de conserve ! En vain d'ailleurs. On a bricolé un mensonge comme on a pu.

Mais vous avez continué de l'alimenter.

C'est son besoin et notre relation. Mon père disait toujours : « Mon bonheur, c'est quand Rachida me rapporte des journaux ou des livres. » On lisait ensemble. Ça continue. Je lui ai offert le livre de Claude Allègre, qu'il a écrit sur la mondialisation avec Denis Jeambar. Il y a des chiffres, des études sur la démographie des pays émergents. Il lit et relit. Et quand il ne comprend pas, il me demande. Il ne lâche rien avant d'avoir assimilé...

C'est admirable, une telle volonté !

Mais si vous vivez avec, il faut supporter ! Aujourd'hui, papa vit seul. Quand j'entre chez lui, ce n'est pas rangé, les journaux envahissent tout. Mes sœurs me disent : « Laisse-le. C'est son seul plaisir... » Je ferme les yeux là-dessus. Mais si maman était là, elle en serait malade...

Votre rage d'avancer vous vient de lui...

Je lui ressemble. Mais je n'ai pas seulement de lui le goût de l'apprentissage. Je tiens de mon père une appréhension face au risque inconsidéré.

Vous ne donnez pas l'impression d'être timorée, ni lui. Il a franchi la Méditerranée, vous avez brisé les barrières sociales...

Détrompez-vous. Je n'ai pas pris de risque démesuré, et lui non plus. Il est parti avec un travail – c'était courageux, évidemment, mais cela n'avait rien d'un coup de tête. C'était une décision raisonnable pour construire sa vie. Quant à moi, j'ai progressé pas à pas. Je ne me suis jamais jetée dans l'inconnu. J'étudiais, j'avais un travail. Je pouvais voir venir. Je consolidais. Ensuite, j'avançais. Je suis toujours ainsi...

Mais vous n'êtes pas timide... Et lui non plus.

C'est compliqué. Je prends sur moi. Je suis peu extravertie. Quand nous étions petits, il était très réservé. Quand nous croisions son chef d'équipe à Saint-Gobain, dans la rue, il n'allait pas vers lui. Maman, oui. Elle traversait pour le saluer. Elle allait vers les gens. Ça le gênait, il disait « non, non », et en même temps, il était content, fier d'elle. On le provoquait un peu. Quand il y avait des problèmes, qu'il s'agissait de solliciter les gens, la mairie, c'est maman qui s'avançait. Maman était beaucoup plus courageuse de ce point de vue.

Ou plus simple...

Quand j'ai commencé à connaître des gens célèbres... Connus disons... Mon père était inquiet pour moi. Il ne voulait pas les rencontrer, et surtout pas que je les amène à Chalon. Il disait : « Si jamais ils nous voient, ils ne vont peut-être plus jamais vouloir être avec toi. » Si jamais ils découvraient comment nous vivions. Des conditions difficiles, un appartement sans luxe... Il avait peur du mépris... « Ils vont te voir différemment... » Et maman n'était pas comme ça. Elle disait : « C'est quand même nous qui l'avons faite ! Si elle est comme ça, c'est aussi grâce à nous. » C'est assez drôle, la manière dont ils discutaient de ça. Mon père se justifiait en disant : « Peut-être qu'ils ne se rendent pas compte comment on vit. Tu ne comprends rien. » Elle refusait. « Ce n'est pas que je ne comprends rien, c'est comme ça. » Aujourd'hui, maman n'est plus là, mais cette inquiétude n'a pas quitté papa. J'essaie de le rassurer. Il me dit : « Peut-être qu'ils vont mal te parler, qu'ils ne vont pas te considérer s'ils voient d'où tu viens. » Et moi : « Arrête. Je n'ai pas honte. C'est à nous de dire qu'on est comme ça, mais qu'on est aussi intelligents, qu'on est aussi capables de réussir. »

Finalement, quelqu'un est venu à Chalon ?

Je n'ai jamais amené personne chez moi. Mais pas par honte, ou pour complaire à mon père. A cause de ma bulle. Parce que c'est mon endroit préservé, à cause de maman, de mes sœurs. Personne non plus n'est venu dans la maison du Maroc – seule Valérie, mon amie d'enfance.

Il est complexe votre père. Autodidacte, curieux, et en même temps réservé. Et aussi brutal, vous m'avez dit...

C'est un homme très dur.

Allant jusqu'à la violence, aussi ?

Ecoutez, cela n'amène rien. Mon père a été vidé de sa substance à la mort de maman. Il vit, il réagit, il se passionne pour plein de choses, mais sans elle, ça n'a pas le même sens. « Je n'ai pas pleuré quand ma mère est morte, j'ai pleuré pour ta maman. » C'est sa phrase. Elle est vraie au plus profond de lui-même – et en même temps, parfois, il a pu être très dur avec elle. Elle l'apaisait par la douceur. Elle l'avait choisi et elle l'accompagnait. Je ne l'ai jamais vue se plaindre, jamais...

L'autorité du père était absolue?

Il avait du mal à accepter la contradiction. Pour lui, les choses étaient quasi binaires, noir ou blanc. Quand mon frère Jamal a commencé à avoir des problèmes de drogue, à l'adolescence, mon père s'est fermé. Il était incapable d'admettre qu'un de ses enfants dérape. Il ne fallait pas lui parler de psychologie ou de fragilité : « Tu as tes parents, tu as un toit, tu as de quoi manger ? Tu n'as pas de problème. » Il lui est arrivé de mettre mon frère à la porte, parce qu'il n'admettait pas ce qu'il faisait. Ma mère résistait : « Ce sont mes enfants... » Lui se cabrait : « Je n'ai pas fait des enfants pour qu'ils se comportent mal. » Il était incapable de sortir de cette logique.

Vous lui en avez voulu ?

Ce n'est pas la question. L'amour que j'ai pour mes parents est inconditionnel. La dureté de mon père a aussi été sa souffrance. Il a eu très peu d'amis : une petite poignée d'hommes venus comme lui, en France, aussi secs et intransigeants que lui, pétris de valeurs intangibles : la parole, l'honneur, pas de mensonge, la droiture, pas de compromission... Pas d'explication... Parfois, je me dis qu'il avait des soucis dans son travail, dont il ne parlait pas... Je l'ai toujours vu se fermer. Parfois, quand on se dispute, j'en suis sûre, il aimerait céder, mais il considère qu'il se déjugerait.

Vous avez hérité de sa dureté ?

J'ai aussi hérité de maman de la tendresse, de la sensibilité. Je tiens aussi de papa, et je le sais. Je suis la plus proche de lui. Je suis la seule, aussi – et depuis longtemps –, à lui tenir tête. Les autres abandonnaient, abandonnent toujours. Je m'accrochais. Quand je le trouvais injuste, je le lui disais. Ma mère et mes sœurs m'en dissuadaient. Lui se braquait, et décrétait que la conversation était terminée. Ma mère soupirait, « ça y est, tu nous as gâché la soirée »... Aujourd'hui encore, je peux tenir tête à papa, quand mes sœurs pensent plutôt qu'il faut le laisser tranquille... Mais me disputer avec lui, ne pas tout abandonner, c'est aussi le respecter, considérer qu'il est là, et vivant. Comme quand maman nous taquinait sur nos disputes.

Les pères et les filles...

Vous savez, papa vient d'une culture de femmes fortes. Sa mère avait une personnalité dominante. Sa belle-mère, la mère de maman, était une femme libre, indépendante, courageuse. Elle avait été veuve jeune, en Algérie, n'avait pas voulu se remarier. Et elle ne se laissait pas faire par les hommes, jusqu'à les affronter, physiquement, s'ils la menaçaient... Et maman, dans sa douceur, avait son caractère. Papa misait énormément sur nous, ses filles. Quand Malika est née, il était tellement heureux ! Quand il allait travailler sur les chantiers, il l'emmenait même avec lui ! Aujourd'hui, il entretient encore une relation d'une extrême douceur avec elle, comme si elle était toujours son premier bébé. Je me souviens des conseils qu'il nous donnait, à nous, ses filles. Il fallait que nous soyons indépendantes, que nous ayons un travail, que nous ne dépendions pas de notre mari... Il insistait sur une chose : on devait avoir un compte en banque à nous, un chéquier à notre nom. Et moi, je lui disais : « Et maman, elle en a un, de chéquier ? » Et lui répondait : « Mais elle, ce n'est pas pareil. Je suis là. » Sous-entendu, lui ne l'abandonnerait jamais.

Et c'était vrai?

Oui. Ce qu'il y a entre eux nous a dépassés. Je vous l'ai dit. Nous nous en sommes aperçus après la disparition de maman. Quand il l'a rencontrée, il s'est posé, lui qui avait toujours... bougé. Elle a été son havre. Sa famille a été étonnée qu'il rencontre une femme qui le garde. Maman est ce qui lui est arrivé de mieux dans sa vie.

Que tenez-vous d'elle?

Le goût de la vie. Maman a été la vie. Elle l'est toujours.

Elle aussi vous a accompagnée dans vos études?

Contrairement à papa, elle n'a pas appris à lire ou à écrire avec nous. Ça ne l'habitait pas. Elle était contente qu'on réussisse. Mais il n'y avait pas cette passion qu'y mettait mon père. Elle voulait que ses enfants soient heureux, heureux en général... Elle était plus dans la vie, dans l'équilibre... Quand j'ai grandi, elle se réjouissait de mes progrès, mais s'inquiétait pour moi. Pourquoi est-ce que je changeais sans cesse de métier, pourquoi je ne me posais pas?

Pourquoi n'a-t-elle pas voulu apprendre à lire?

Elle n'en éprouvait pas le besoin. Elle nous avait. «J'ai mes enfants, de quoi d'autre ai-je besoin?» Elle se débrouillait. Elle parlait parfaitement le français. Elle connaissait tout le quartier, tout Chalon. Elle était l'amie de tout le monde... A une époque, des travailleurs sociaux venaient pour aider à alphabétiser. Elle les désarmait. «Tu ne veux pas que je t'apprenne à faire des gâteaux?» Et elle faisait des gâteaux pour toute la maisonnée. Maman était dans la joie, tournée vers les autres. Elle aimait les fêtes, les mariages, ce qui rythmait nos vies à Chalon... Les mariages, les baptêmes, quelqu'un qui avait eu un diplôme. Tout était motif à faire la fête, pas pour faire la fête, mais pour se retrouver. Maman a aimé ces rencontres, jusqu'à la fin de ses jours. Même quand elle était malade, elle n'avait pas le droit de sortir de l'hôpital, elle arrivait à convaincre le médecin et l'infirmière de venir à la fête.

Elle les invitait. Ainsi, ils lui faisaient ses injections pendant le mariage.

Et vous ?

Petite fille, j'allais dans ces fêtes, pas tant pour la fête elle-même, mais seulement pour être avec elle. J'allais partout avec elle, dans la salle des ventes – elle adorait la vaisselle ancienne, les bibelots. Ou je l'accompagnais à la PMI...

La PMI ?

La Protection Maternelle et Infantile. Quand vous n'aviez pas de pédiatre, vous emmeniez votre enfant à la PMI, pour le faire peser, soigner. Vous pouviez avoir une consultation, des vaccins, voir une conseillère conjugale si vous le souhaitiez. C'était un lieu de socialisation... Un lieu de femmes, inséparable de mon enfance. J'adorais cet endroit. J'adorais ces femmes entre elles, ce qu'elles se racontaient, ce qu'elles s'offraient les unes aux autres. Ces moments de femmes, je ne les ai jamais retrouvés ailleurs, dans ma vie d'adulte.

Les femmes entre elles, c'est quelque chose d'incompréhensible pour un homme?

Si vous faites un effort... Etre une femme, c'est chercher les moyens de sa liberté. Chacune est confrontée à cela. Oui, j'ai des conversations de femmes, que je n'aurais pas avec des amis hommes.

Dans votre enfance, le fait d'être d'ailleurs a-t-il compté?

Je ne viens pas d'ailleurs. Je suis née à Saint-Rémy, Saône-et-Loire.

Mais vous êtes née de parents étrangers. Et la question de l'immigration a marqué ces années...

Ne vous trompez pas d'époque. Je suis née en 1965. Dans mon enfance, les questions qui ont agité la société française depuis n'apparaissaient pas encore. Le mot « beur » a été popularisé dans les années 80, quand j'étais au lycée. Les questions d'identité, cette traque pointilleuse des particularismes, n'avaient pas encore cours. Ni le repli, ni la tension, ni la violence. Le décor de mon enfance, ce n'est pas *La Haine*. C'est le *Thé au harem d'Archimède*, de Mehdi Charef : un quartier populaire, où toutes les origines sont mélangées, pas encore le ghetto. Des conditions de vie dures, socialement, mais une entraide, une fraternité, que la question ethnique n'obère pas. C'est la réalité de ce pays, aujourd'hui encore, même si par endroits, on a laissé se dégrader des situations. Ma génération est intermédiaire. Celle qui est venue juste avant moi est encore marquée par la guerre d'Algérie. Ceux d'après – les gros bataillons des enfants du regroupement familial – vivront au rythme des débats sur « l'intégration », ce mot étrange qu'on leur imposera...

Il n'y a pas de question beur ?

Elle ne m'a pas construite. Nous étions en France, des Français en construction. Ça m'a paru étrange de devoir demander ma nationalité à 18 ans, tant pour moi, c'était quelque chose d'acquis. La carte de séjour m'était étrangère, si j'ose dire.

Il n'y avait pas de décalage, l'idée que vous n'étiez pas – pas tout à fait – comme les autres ?

Quels autres ? Je ne suis différente d'aucun autre. Je ne vois rien qui me mettrait de côté... Longtemps, il y a eu dans la tête de mon père l'idée du retour, comme chez beaucoup d'immigrés de cette première génération. Puis la vie a fait son œuvre. Nous sommes d'ici.

J'insiste. La société française n'a pas toujours été splendidement accueillante... Il n'y a pas de conscience du racisme, dans votre enfance ?

J'ai un souvenir du film d'Yves Boisset, *Dupont Lajoie*. Je l'avais vu à la télévision. Ça m'avait choquée. La violence, l'injustice, le racisme... J'en ai gardé un malaise. Mais ce n'était pas ma vie.

Rien d'autre ?

Une rumeur, en 1981, j'avais 16 ans. On entendait dans les mariages que si Mitterrand gagnait, les immigrés allaient être expulsés. Je ne sais pas d'où c'est venu, mais ça a existé. Je n'ai jamais compris pourquoi. Ça n'avait aucun sens, comme toutes les peurs collectives. C'est incompréhensible aujourd'hui.

Comment avez-vous pris l'explosion du mouvement beur ?

Comme un mouvement intéressant, mais extérieur à ma vie. Ce que je construisais, c'était autre chose. J'avais une condition sociale à dépasser, une vie à bâtir, des études, du travail à chercher. Je n'étais pas dans une besoin de reconnaissance « culturelle »... Quand la Marche des Beurs s'est lancée, en 1983, j'avais 18 ans. Mes problèmes étaient existentiels, très concrets. J'ai suivi la Marche des Beurs, sans y être. J'ai trouvé la démarche intéressante. La revendication d'égalité était importante. Je me disais : il y a une demande de reconnaissance, c'est bien. Je la regardais. Ensuite, rien n'en est sorti. Ou plutôt si, la carte de séjour de dix ans ! Mais ce n'était pas une réponse adéquate à ce qui montait !

A l'époque, ça a été jugé comme un progrès.

C'était un progrès pour des immigrés, tant que cela les installait dans la durée. Mais ce n'était pas une réponse à donner à des personnes qui étaient nées ou avaient grandi en France, qui étaient français et réclamaient leur part de citoyenneté. Il aurait fallu des gestes et des engagements, des discours clairs, une pratique de l'ouverture, tout de suite. A la place, on a joué avec le droit à la différence, et tout ce qui s'en est suivi. On a fabriqué une « société beur », au lieu d'ouvrir la France. Un peu de sympathie, un peu de condescendance, beaucoup d'oubli. Au lieu de tenir un discours de vérité, de dire aux gens qu'ils étaient pleinement français, avec la somme de droits et de devoirs que cela impliquait, on est resté dans l'ambiguïté. On a laissé les gens s'enfermer dans des quartiers qui sont, petit à petit, devenus des ghettos. Sur cette déception sont nés la frustration, le repli identitaire, parfois le repli religieux. Chacun peut faire ce constat... Tout le monde l'a vu, mais on a laissé faire.

Pourquoi ?

C'était plus simple que d'affronter la réalité : la transformation des enfants du regroupement familial en citoyens français. Ce ne sont pas les immigrés traditionnels qui perturbaient les évidences des élites. Ceux-là ne s'imaginaient pas rester en France. Ils restaient à leur place, si j'ose dire... Mais leurs enfants étaient là. Les tensions, elles commencent quand les gens sortent de leur condition. Quand ils ne se confinent plus dans la cité ou dans des emplois subalternes, mais qu'ils sortent des HLM, sont en fac, deviennent visibles... C'est là qu'on a raté l'occasion. Les discriminations, les crispations, les hypocrisies... La France a évidemment perdu du temps.

Vous dites que ce n'est pas votre histoire – mais vous êtes l'incarnation même de ces « nouveaux Français » devenus visibles, et à quel point...

Les gens comme moi – ceux de mon âge – ne sont pas dans le même mouvement de masse. Je n'ai pas été incluse dans la « question beur ». Je ne la fuis pas, mais ça n'a pas été ma vie. Les quadragénaires ont grandi dans un intervalle de « normalité » – avant que la question identitaire ne s'impose. Je suis un petit poisson qui s'est faufilé dans le filet social! Mes difficultés, les réticences, mes échecs, je les ai vécus seule. C'était mon histoire – même si beaucoup d'autres ont vécu des histoires similaires. Mais il m'est difficile de m'identifier à un « grand mouvement ».

Pourtant, vous fréquentez, sympathisez, avec des animateurs des « mouvements beurs », ou de la « conscience beur ». Et vous leur êtes parfois assimilée...

Parce que le regard extérieur tend à tout uniformiser : voilà pour l'assimilation! Quant aux fréquentations, sympathies, dialogues, compréhensions, amitiés... Tout cela existe. Les travaux de Yamina Benguigui sur la mémoire me touchent. A Paris, en travaillant, en réfléchissant sur mon parcours, ou sur la société française en train d'évoluer, j'ai fait des rencontres. J'ai la curiosité d'aller vers les autres, quand je perçois quelque chose. Un journaliste, Morad Aït Abouche, qui était l'un des premiers journalistes « issus de l'immigration » à être visible, est devenu un ami. Ensuite, de fil en aiguille, des liens se créent. Avec la sénatrice socialiste Bariza Khiari, ou d'autres... J'ai appris l'histoire et la conscience des militants beurs dans ces rencontres; j'ai aussi perçu leurs échecs, leurs regrets. Personne ne peut être réduit à un concept, un moment historique. Chacun, en fonction de son âge, de son parcours, a sa propre expérience... Certains, plus âgés, se vivent plus en « immigrés » qu'ils ne l'imaginent eux-mêmes. Des discriminations, des remarques vexantes, désobligeantes, les atteignent plus. D'autres n'ont pas d'interrogation intime sur leur place dans la société française. C'est mon cas, sans être naïve pour autant.

Etre une enfant d'immigrés change-t-il votre regard sur la politique ?

En quoi ?

Par exemple, comment avez-vous réagi à l'histoire de ce petit garçon russe, qui a failli mourir en voulant échapper à la police ?

Comme vous j'imagine. C'est un drame, terrible.

Mais ce n'est pas un drame qui vient de nulle part. Il y a des choix de l'Etat fran-

çais, une politique de rigueur envers les immigrés clandestins, et cette politique peut provoquer des drames...

La politique de l'immigration ne pousse pas les gens à se jeter par la fenêtre. L'émotion est élégante, mais il faut être précis. Vous avez une famille dans l'illégalité, installée en France, vivant sans papiers, et qui ne répond pas aux convocations judiciaires. A un moment, la police intervient.

Et, paniqués par l'arrivée de la police, dans la peur d'être expulsés, le père et le fils sortent par la fenêtre et...

Je le répète, c'est un drame. La police et la justice, qui font leur travail avec beaucoup d'humanité, ne sont pas responsables de ce drame.

Mais les autorités ne se sentaient pas tout à fait à l'aise : il y a une extension de l'autorisation de séjour pour cette famille...

Il est normal – et c'est Nicolas Sarkozy qui a mis en place cette législation – qu'un titre provisoire de séjour pour des raisons humanitaires soit délivré.

Vous vous interdisez d'être émue ?

Je ne m'interdis rien. Tous les pays au monde ont une politique d'immigration. Celle qui est mise en place en France n'est ni injuste, ni inhumaine, puisqu'elle n'interdit pas l'immigration. Beaucoup de gens viennent en France en respectant les procédures. C'est un processus très long, très contraignant. L'indulgence envers ceux qui transgressent les règles, c'est aussi une injure faite à ceux qui les ont respectées.

Vous ne croyez pas que nos règles aboutissent à des drames humains ? L'expulsion des familles ayant des enfants scolarisés ?

J'entends ce que disent les associations, elles sont dans leur rôle. Mais il y a eu près de 7 000 régularisations dans des familles comptant un enfant scolarisé. Il faut rappeler que certaines personnes arrivent en France avec des visas de tourisme de trois mois. Il n'est pas acceptable qu'elles ne rentrent pas dans leur pays à l'expiration de ce délai. Ce sont ces pratiques qui entretiennent la suspicion généralisée et les amalgames. La France est un pays très ouvert. Il est possible d'y venir et d'y séjourner tout à fait légalement.

Vous trouvez injuste qu'on vous interroge vous, précisément, là-dessus? Qu'on vous suppose a priori concernée?

Mon histoire personnelle n'est pas le levier de mon action. Je n'ai pas immigré en France. Ce sont mes parents qui ont immigré. Mais mon parcours ne dicte pas ma politique. Si je m'écarte de cela, je perdrai toute légitimité, et je détruirai toute la confiance que l'on peut placer en moi...

Vous avez déjà réfléchi à ce que vous feriez si quelqu'un de votre famille, au Maroc, vous demandait un coup de main pour s'installer en France?

Ma famille ne vient ici que pour les vacances.

Vous ne ressentez vraiment aucun décalage, vous n'avez aucun doute, sur la politique de contrôle ou de restriction de l'immigration ?

Je trouve qu'il est important d'avoir une politique d'immigration avec des règles claires, dans l'intérêt des personnes qui viennent s'installer en France, et dans l'intérêt de la France. Dire qu'il faut que les immigrés apprennent le français me paraît du bon sens incontestable. Immigrer, c'est une expérience très dure. J'ai vu des personnes tellement malheureuses, parce qu'on les avait plongées d'un coup dans une société à laquelle elles ne s'attendaient pas. Attention à la bonne conscience désincarnée. Tout ce qui clarifie les situations et accompagne les futurs immigrants est un progrès, pas le contraire...

Donc, aucun doute ? Même pas une interrogation ténue ? L'idée que vous êtes née en France, du bon côté, mais que, si vous étiez née en face...

C'est une théorisation totale ! Si vous pensez a priori que la politique française est inhumaine, vous n'avez pas besoin d'être d'origine étrangère pour vous en indigner. Et notre politique est tout sauf inhumaine. Si vous voulez jouer sur des hypothèses absurdes, je pourrais être mal à l'aise, ou pire, si on fermait totalement les frontières; si on interdisait à tous les étrangers de venir... Là, je pourrais penser à mes parents, me dire qu'à quelques années près, ils n'auraient pas pu faire leur vie ici. Mais ça n'est pas le cas, tout au contraire. Et c'est évident dès qu'on regarde tranquillement la réalité.

Continuons avec les origines. L'islam...

Décidément!

Cela pose un problème?

Non, pas en soi. Mais je crains que vous vouliez me ramener à des idées reçues, des clichés ou des situations imaginées. Je vous l'ai dit, ces questions ne sont pas mon moteur...

Mais de là à les fuir?

Qui dit que je les fuirais? L'islam est une religion à laquelle la politique, l'actualité et ses représentations médiatiques ne rendent pas justice. Et c'est la religion de quelques millions de nos concitoyens. Cela affirmé, pourquoi devrais-je accepter des débats ou des questionnements qu'on ne soumet pas à d'autres ministres?

Parce que le sujet existe. La France n'est pas au clair avec sa composante musulmane. Pas à l'aise avec cette réalité...

La France, je ne suis pas sûre. La majorité de la population est beaucoup plus simple que cela, tolérante, ouverte, et les gens vivent ensemble, sans questions intrusives. Dans certains milieux, c'est visiblement une autre histoire.

Vous pensez imposer votre simplicité à une opinion travaillée par la curiosité, intriguée par la complexité de votre histoire?

C'est vraiment une question de principe. Et allez plus loin que les apparences. Qu'est-ce qui me rend « complexe », comme vous dites, pour des observateurs? Pas tant mes origines, que la difficulté qu'ils ont à me ranger dans une case, ou dans leurs clichés. Serais-je issue du mouvement associatif, parlerais-je une langue relâchée, supposée typique, correspondrais-je aux clichés sur la banlieue et les cités que j'intriguerais beaucoup moins. Et je provoquerais sans doute moins d'hostilité !

Mais vous êtes le diable qui s'habille en Prada !

Parfois, on s'étonnait que je sache m'habiller, me coiffer, voire parler correctement !

Qu'est-ce qu'elle fait, qui c'est celle-là, comme dans la chanson ?

Je suis, pour certains, une intruse sociale. Pourquoi cette femme est-elle à l'aise parmi nous, alors qu'elle ne le devrait pas ? Un jour, dans un « dîner en ville », une personnalité – plutôt à gauche – m'a regardée gentiment et m'a dit : « Vous n'êtes pas comme nous ! »

A propos de dîners, j'ai lu que vous étiez au Siècle ! Le saint des saints des élites !

On y trouve aussi des journalistes, vous savez ! C'est un club qui se réunit une fois par mois, on y parle, on y échange, on y rencontre ceux qui forment ce qu'on appelle l'élite – mais aussi, et ce sont parfois les mêmes, des gens passionnants. J'y suis depuis près de cinq ans. J'y suis entrée au moment où je devenais conseillère au cabinet de Nicolas Sarkozy, mais le processus de cooptation avait commencé plusieurs mois auparavant, quand j'étais magistrat. J'avais été parrainée par Gérard Worms.

Le grand banquier de chez Rothschild...

Je l'avais connu par Simone Veil et... Que voulez-vous que je vous dise? Gérard Worms pensait qu'il serait bien que je participe au Siècle. Ils parient évidemment sur l'avenir des gens. Il y avait d'ailleurs d'autres magistrats...

En général, ce n'est pas facile de franchir les barrières sociales...

Cela intrigue, ou cela heurte, ou cela embarrasse, parfois. On se demande si c'est de l'arrivisme, ou si je fais semblant, ou quels sont les secrets – forcément honteux – de mon aventure! Je souris. Mais j'ai mis du temps à comprendre que l'on pouvait se poser des questions sur moi... Quand j'étais simple cadre chez Matra, mais que je connaissais Jean-Luc Lagardère, qui me traitait en amie, on pouvait me prendre pour une affabulatrice !

Ça use ?

Oui et non. Ça éclaire sur ce que vous pouvez inspirer. Et ça permet de toucher les vrais blocages. Ils sont culturels, sociaux, de classe ou de caste, plus que racistes, au sens où on l'entend. Ce qui pose un problème, c'est le fait de brouiller les pistes. Mais des gens qui ne ressemblent pas aux clichés, il y en a de plus en plus ! Les Français le savent. Une partie de l'élite l'apprend.

Mais ça se calme ?

Je voudrais dire oui – mais certaines attitudes, certaines enquêtes sur ma vie privée, certains soupçons, me font parfois douter. Des journalistes sont tout de même allés enquêter pour savoir si j'avais vraiment passé mes examens, si j'avais vraiment eu mes diplômes ! J'ai été alertée par des responsables d'université assez surpris, et même par des magistrats, à qui ces journalistes expliquaient que je n'avais jamais fait l'école de la magistrature... Comme si, par principe, j'avais dû tricher pour arriver où je suis...

Vous êtes l'amie du Président et de son épouse, et adoubée par les sondages ! Il y a pire comme bizutage...

Mais les Français ont des réactions de bon sens, naturelles, spontanées et ils savent faire la part des choses. C'est tout ce qui compte.

On reviendra sur votre action au ministère, mais tout de même ! on a le droit d'être en désaccord avec vous !

On peut évidemment combattre mes projets de loi ou ma gestion du ministère... Mais les insinuations sur ma fragilité, les articles expliquant que j'aurais besoin d'un politique expérimenté pour me servir de guide et de protecteur au Parlement, voire d'un coach pour répondre aux questions d'actualité... Je l'ai lu, ça !

Et ça vous a vexée?

Je n'ai pas de problème d'estime de soi. Mais je tiens à représenter dignement le ministère de la Justice et les personnes qui y travaillent. Et parfois, les attaques sont beaucoup plus basses...

Ce sont les gens de votre camp, de la bourgeoisie de droite, qui n'admettent pas l'intruse?

Allons. Vous n'y croyez même pas vousmême! Je peux déranger aussi à gauche... J'ai eu un débat avec Alain Krivine, pendant la Présidentielle. Il parlait des contrôles policiers, forcément racistes, et a lancé : « Quand je suis avec mes amis blancs et mes amis basanés, ce sont les basanés qui sont contrôlés par la police. » J'ai tiqué. Il parlait des « basanés », comme si je n'étais pas là... D'habitude, je laisse passer, mais là... Je l'ai interpellé. « Je suis basanée ou pas pour vous? » Il a séché. Et j'insistais... « Je suis quoi? Je suis basanée ou je suis blanche? Donnez-moi la définition du basané? » Le problème, c'est que les gens vous mettent une condition sociale sur le visage. Et sont persuadés d'être de fervents progressistes...

Etre raciste sans le savoir ?

Pas raciste, non. Mais vivre selon des préjugés, les entretenir, s'en repaître...

On revient à l'enfance ? A vos études chez les sœurs ?

C'était un choix de mes parents. Ils trouvaient bien qu'on soit dans une école religieuse, où l'on nous parlerait de Dieu. Ils se disaient que ce serait bien, qu'il y aurait de la morale... On nous apprendrait le bien et le mal. J'y suis restée jusqu'à la troisième, puis je suis passée dans le public.

C'était assez rare à l'époque. Il y avait d'autres élèves d'origine étrangère dans cette école ?

D'abord, très peu. Nous étions les premiers. Ensuite, comme on a plutôt bien réussi, d'autres familles ont suivi.

C'était une école à l'ancienne ?

Très tenue. Les blouses, la discipline. J'avais un caractère entier. J'étais bonne élève. J'aimais l'école, j'aimais apprendre. J'ai toujours aimé cela. Au lycée, plus âgée, j'ai eu un professeur de maths qui m'avait remarquée. Monsieur Adolphe. Je l'exaspérais et il m'aimait. « Tu as de la chance d'être qui tu es, parce que tu mériterais une paire de claques ! » Il avait intégré la condition sociale de mes parents. Il voyait ce qui bouillonnait en moi. J'étais dure pour les autres, mais aussi avec moi-même... Chez les sœurs, quand j'étais privée de récréation, elles me faisaient balayer les feuilles mortes dans la cour. Elles se disaient : « On ne va pas lui faire faire des maths pour la punir, elle serait trop contente ! » Alors, je balayais. Je me souviens d'une sœur, Marie-Cyprien. Elle me faisait faire le ménage dans la cuisine du réfectoire ; elle était dure, mais je l'aimais beaucoup – elle aussi avait de l'affection pour moi. Quand on avait fini le nettoyage, elle m'offrait un goûter, une tranche de pain, une barre de chocolat, une pâte de fruits. Les pâtes de fruits, je ne peux plus en manger aujourd'hui, j'en ai trop goûté !

Vous en parlez avec nostalgie...

Je ne suis pas quelqu'un de nostalgique. Mais j'ai aimé cette école. En fait, quand j'en suis sortie, j'ai éprouvé le sentiment d'une libération, après tant d'années de discipline. Mais rétrospectivement, j'ai perçu ce que j'en ai retiré.

Etre formée à la dure...

J'ai toujours eu besoin des adultes, et de répondant ! Mais pas seulement cela. J'ai aimé tout l'aspect religieux de l'école. J'aimais les cours de catéchisme, l'Ancien et le Nouveau Testament. Je trouvais que c'étaient de belles histoires, je les connaissais par cœur. J'apprenais les prières. On nous apprenait à comprendre le sens des mots. On nous disait que la prière, c'était pour les autres, que ce n'était pas une demande égoïste. On nous enseignait le partage, et au réfectoire, pendant le carême, les portions à la cantine étaient réduites pour incarner cette idée : on mangeait des bols de riz ! On faisait des quêtes aussi, pour les enfants de Calcutta. Et des collectes de vêtements. On partait en retraite pour méditer.

Qu'en pensaient vos parents ?

Toutes les religions enseignent le partage, la solidarité, la générosité ! Mes parents étaient croyants, et dépourvus de sectarisme, comme l'immense majorité des croyants. Et ils étaient heureux que l'on nous enseigne des valeurs fondamentales...

Vous avez envisagé de vous convertir au catholicisme?

Je ne comprends pas cette question. Je vous parle d'une éducation spirituelle, marquée par des valeurs que je crois importantes, fondamentales! Des valeurs qui me portent toujours – et qui sont portées par toutes les religions. A l'école quand nous nous retrouvions le matin, quand nous allions prier, c'est cette communion qui était un moment important. Après, c'est de l'ordre de l'intime le plus absolu.

Vous décrivez une enfance sans aucun déphasage culturel.

Par rapport à quoi?

A l'environnement, à l'histoire... L'idée que – par exemple – l'histoire qu'on vous enseigne, l'histoire de France, pourrait ne pas être tout à fait la vôtre...

Drôle d'idée. L'histoire, on me l'enseignait à l'école et j'adorais cette matière. Vous cherchez quelque chose qui n'est pas arrivé. Je me souviens de mon père s'indignant parce que ses enfants ne connaissaient pas Charlemagne. Il adorait ce personnage. Vous essayez de trouver les traces d'une enfance déphasée, mais ce sont des préjugés ! Je n'avais pas l'impression d'une histoire ou d'un enseignement qui m'étaient étrangers, au contraire. J'aimais apprendre. J'ai eu, adolescente, un coup de foudre pour *Eugénie Grandet*. J'ai une affection inconditionnelle pour Victor Hugo, ce génie tellement humain... J'ai aimé *Ruy Blas*, et *Adèle H*, de Truffaut. Et les mots de Devos me font chavirer.

Mais vous avez lu, vu, comme moi, que des enfants issus de l'immigration, aujourd'hui, se plaignent de ne pas être reconnus, ou de ne pas se reconnaître dans les programmes, dans l'enseignement. Vous avez vu l'impact du film Indigènes. *L'implication des acteurs...*

Indigènes est un très beau film. Je ne l'ai pas vu à sa sortie, mais en DVD. Et j'ai très bien compris ce qu'il représentait pour ceux qui l'ont fait ou qui l'ont joué, qui avaient eu des membres de leur famille dans cette armée de la Libération. Mais l'histoire de ces soldats est aussi une histoire de France ! Elle fait partie de la fierté d'être français...

Le patriotisme comme réponse au mal-être identitaire ?

Le mal-être identitaire, il vient de tous les mensonges qu'on a imposés aux gens, et en particulier aux enfants des immigrés, dans les quartiers populaires. Oui, je crois au patriotisme, à la fierté d'être français, au discours de la Nation. Mais il faut faire attention à ne pas donner l'impression qu'on célèbre une Nation dans laquelle certains n'auraient pas leur place...

Les nouveaux Français ?

Si vous voulez. Mais encore une fois, avant, tout, ne perdez pas l'essentiel. On a laissé les quartiers populaires devenir des zones d'exclusion. Et ceux qui y vivent, souvent, ont fini par ne plus se sentir concernés par l'aventure française. Quand vous ne dites pas la vérité à quelqu'un, à un moment donné, il s'exclut lui-même. Et il se cherche une histoire autre que celle de son pays.

Qu'aurait-il fallu faire ?

Dire à ces enfants qu'ils étaient français ; que leur statut social n'avait rien à voir avec leur identité. Leur dire qu'il fallait travailler, même si c'était difficile, même si plein de choses leur paraissaient injustes et l'étaient effectivement, mais que c'était la seule solution ! Leur expliquer que l'assistanat était un piège dans lequel on les enfermait, dans lequel ils s'enfermaient eux-mêmes, une prison qui se construisait autour d'eux. Il aurait fallu les convaincre qu'ils ne devaient pas être à la charge de la société, mais qu'ils en faisaient partie. Et évidemment, l'aspect ethnique est venu par-dessus, puisque c'étaient les mêmes personnes qu'on retrouvait dans ces quartiers.

On a « indigénisé » les gens ?

Je n'emploierai jamais ce terme.

Certains le revendiquent pourtant.

Ce n'est pas mon vocabulaire.

Et comment on rattrape ça maintenant ?

Il faut expliquer. Former les gens. Faire en sorte que le mot « mixité sociale » ne soit pas un slogan.

C'est du social, du social, du social...

D'abord des valeurs, des principes, puis de l'économique, de la culture. Et du social si vous voulez. Sortir les gens de leur condition et les quartiers de leur enfermement. Extirper la culture de la victime des têtes, rendre leur chance aux villes et aux quartiers... Alors, la République ne sera plus un mot creux.

C'est la rénovation urbaine ?

Oui mais pas seulement. Rénover les immeubles ne suffit pas. Les valeurs d'abord, et l'ouverture d'esprit. Permettre aux gens de vivre et de progresser...

Vous avez vécu personnellement la transformation des quartiers populaires en « zones difficiles » ?

Pas quand j'habitais encore à Chalon. Je l'ai vu plus tard, au fur et à mesure que je revenais chez mes parents. C'est extrêmement déprimant, une glissade qu'on ne peut pas empêcher. Ce sont des immeubles qui s'abîment, des ascenseurs en panne, des choses qu'on laisse aller. Une fenêtre cassée, des dégradations... Au début, on répare. Puis on renonce. Une cave, une porte détruite, on la laisse. Une vitre brisée, on la laisse. Une boîte aux lettres, on laisse. On ne monte plus dans son escalier de la même manière. On est aux aguets. On commence à être moins à l'aise dans son quartier. Les rapports deviennent plus durs. La désespérance vous prend. La délinquance s'installe, puis se transforme. La drogue arrive...

C'est arrivé chez vous.

Chez moi, comme vous dites, et chez plein de gens. A un moment, j'ai installé mes parents ailleurs. Mais parfois, c'est déjà trop tard. Quand la drogue est là, et qu'elle prend des gens, on a perdu... Bien sûr que je l'ai vu. Et je sais à quel point cela peut être difficile. Et je sais à quel point la chape de plomb qui s'abat, sur un quartier en dérive, peut être terrible. Un quartier pris par la drogue, il ne fait plus de bruit; on n'y voit pas d'émeutes, pas de délinquance spectaculaire. Ça ne dérange pas l'ordre – l'apparence d'ordre – environnant. C'est comme cela, aussi, qu'on a laissé des situations se dégrader...

Délibérément, pour avoir la paix ?

Je n'ai pas ce cynisme. Disons que cela se voyait moins. Un type couché dans la rue, assommé par une overdose, c'est moins bruyant qu'une émeute.

Ce sont des événements incompréhensibles quand on ne les a pas vécus – incompréhensibles à ceux qui ont eu la chance de naître abrités ?

Ce qui est sûr, c'est que vous ne m'entendrez jamais condamner ces quartiers, ni condamner les familles qui y vivent. Chacun fait comme il peut. Chacun se défend avec ses moyens, souvent maladroitement, quand une vie bascule. Tous les gens sont démunis face à la tragédie d'un proche. La détresse ignore les barrières sociales. Mais dans les quartiers populaires, on est encore plus isolé ; on n'a pas les codes, les clés, pas la même culture, pas la même psychologie. On est encore plus perdu. Aux détresses intimes s'ajoute la fragilité sociale. On a l'impression que l'on ne pourra jamais remonter la pente...

Que les pierres pleuvent sur vous – c'est l'expression du film de Ken Loach, Raining Stones...

C'est une des expressions les plus justes que je connaisse. J'admire profondément Loach. *Raining Stones*, et ce père qui joue sa vie pour offrir une robe de communion à sa fille : toute sa dignité se réfugie là... Ou *Ladybird*, cette femme à qui des juges retirent ses enfants. J'ai découvert Loach quand j'étais étudiante à Dijon. Je l'ai suivi. Ce qu'il raconte, et sa manière de le raconter me parlent. Du désespoir, mais jamais d'abdication. La misère la plus noire, mais l'étincelle de vie, le regard droit, la fierté encore... L'espoir dans le désespoir.

*Ne rien masquer de la misère, ne rien édul-
corer, mais ne jamais mépriser...*

Ce qui est odieux, quand on parle de
l'extérieur, ce sont les jugements, hautains,
lointains et péremptoires, qu'on porte sur les
gens. Quand la drogue a touché ma famille,
j'ai vu à quel point on avait du mal à réagir.
On est très seul. On s'interroge sur ce qu'on a
fait, ou oublié de faire. Mon frère a eu de mauvaises fréquentations et... Mais ce que je dis là
est déjà injuste : du point de vue des parents de
ses copains, c'est peut-être lui qui était une
mauvaise fréquentation.

*Votre histoire personnelle – la vôtre et celle
de vos proches – vous donne-t-elle une
compétence particulière, une capacité d'in-
tervention supérieure à d'autres politiques ?*

On ne fait pas de politique, on ne porte pas
de projets, à l'aune de son passé ou de son
ressenti.

*Vous ne vous reconnaissez pas une respon-
sabilité particulière ?*

Vis-à-vis de qui ?

Vis-à-vis de ces quartiers ?

J'ai une responsabilité vis-à-vis des Français. De tous les Français.

Mais vous êtes peut-être plus crédible pour leur parler ?

Plus crédible que qui ?

Plus crédible que des gens nés du bon côté. Si vous tenez le discours anti-assistanat, c'est plus recevable que s'il est porté par un pur bourgeois...

Non. Ou alors, c'est de la ségrégation sous d'autres formes. Seul un enfant des cités peut parler aux cités ? Je refuse cela. Ce n'est pas parce qu'on a souffert qu'on sait mieux soigner la souffrance. Ce n'est pas parce qu'on a été pauvre qu'on représente mieux les pauvres. Je pense que les Français veulent qu'on leur dise la vérité. Et celle-ci ne perd pas de sa force en fonction de celui qui la porte. Quand vous considérez les gens, quand vous les respectez et que vous leur parlez clairement, ils vous écoutent. D'ailleurs, ils ont écouté Nicolas Sarkozy et lui ont répondu clairement !

Votre parcours et vos origines ne renforcent pas le poids de votre parole auprès de l'opinion publique ?

Non. On peut respecter mon parcours, mais cela ne doit pas me donner un avantage indu en terme de débat. En revanche – et cela n'a rien à voir avec mes origines –, le fait de ne pas être un politique classique m'autorise à parler directement, sans contorsion... Mais encore une fois, regardez Nicolas Sarkozy. Il fait de la politique depuis toujours, et parle directement, franchement et clairement.

En fait, vous refusez absolument toute responsabilité particulière sur les questions des banlieues ou de l'intégration.

Parce que ce n'est pas ma formation, ni mon expertise ! Je peux avoir un point de vue sur cette question, dérivé de mon expérience et de mon observation de la société. Mais faire de moi une experte en cités, c'est de l'ethnicisme, ou du déterminisme social ! J'ai toujours refusé de dévier de ce principe. Aujourd'hui Garde des Sceaux, j'ai une responsabilité vis-à-vis de tous les Français sur les sujets concernant la justice. Mon travail consiste à faire en sorte que la loi soit la même pour tous, qu'elle soit appliquée partout de la même manière. Sortir de cela, en jouant de l'ambiguïté des origines, serait trahir la confiance qu'on place en moi...

Donc, ne jamais jouer de votre origine. Ne pas être Rachida le symbole, mais être Mme Dati, Garde des Sceaux.

Voilà, vous commencez à comprendre.

Je comprends ce principe. Mais dans la réalité politique, dans l'opinion, vous n'êtes pas seulement votre fonction. Vous-même, dans votre action passée, avez tenu compte de votre « différence »...

Quand ?

Quand vous créez le club XXIe siècle par exemple... Un groupe inventé pour promouvoir la diversité. Ce n'est pas un geste neutre.

J'ai créé ce club en 2003, bien avant d'être ministre, et sans jamais penser, alors, que je le deviendrais un jour. Et c'est un sujet qui intéresse toute la France, la diversité ! Et elle n'est pas liée à une origine ethnique particulière. La diversité, c'est faire en sorte que les « élites » ressemblent à la réalité de ce pays. Elle est belle, cette réalité, plus riche, plus vivante, que le modèle copié-collé conforme que l'on trouve trop souvent. On peut penser cela sans être un enfant d'immigrés, que je sache ! On peut vouloir que la France profite de toute sa vitalité sans venir d'ailleurs...

Mais ce club, c'était un message des apprenties élites issues de la diversité aux vieilles élites, sur le mode : reconnaissez-nous !

C'était un acte politique, un acte d'amour pour la France. La réalité de ce pays est belle. Les Français sont ouverts et tolérants, mais une petite frange de l'élite est plus fermée et conservatrice. Il s'agissait de convaincre cette petite frange qu'elle se trompait. On voulait faire acte de conviction et de pédagogie, créer un réseau d'influence pour faire évoluer les mentalités, prendre la parole, argumenter. On appelle ça un travail idéologique ! Nous l'avons lancé à plusieurs, des gens qui avaient des parcours de toutes origines, qui venaient de milieux sociaux différents... Moi, je n'étais pas là en tant que fille d'immigrés de Chalon ! J'étais magistrat, alors détachée au cabinet de Nicolas Sarkozy, ministre de l'Intérieur.

Mais vous aviez expérimenté des situations, qui justifiaient la création de ce réseau.

Je vous en ai parlé. On rencontre tout le temps des gens qui ne vous reconnaissent pas comme crédible, parce que votre parcours est différent. Ça m'est arrivé.

Et quelle est votre réponse, quand ça arrive ?

Travailler. Il n'y en a pas d'autre. Ne rien céder sur l'essentiel. Quand j'étais au cabinet de Nicolas Sarkozy, je n'ai jamais été confinée exclusivement à l'intégration. Certains, naturellement, pensaient que je n'aurais dû traiter que ces sujets. Que je les connaissais, culturellement et socialement, et ne pouvais rien traiter d'autre ! Mais j'étais magistrat et j'étais là pour aborder des problèmes touchant à ma compétence. Pour Nicolas Sarkozy et Claude Guéant, son directeur de cabinet, aujourd'hui secrétaire général de l'Elysée, c'était clair, limpide, indiscutable. Du coup, les préjugés d'autres personnes n'ont pas compté. Mais je n'ai pas créé le club XXIe siècle pour résoudre mes problèmes, ou parce que j'avais des difficultés! C'était un message que je souhaitais porter.

Un vieux pays, incapable de se renouveler...

Certaines personnes ont le sentiment que la France, ce n'est qu'eux. Ils considèrent avec beaucoup de distance ceux qui n'ont pas les mêmes diplômes, qui n'empruntent pas les mêmes chemins, qui subissent et surmontent des conditions difficiles; ou qui ne les surmontent pas... Vous ne savez pas ce que c'est, être transparent?

J'imagine la révolte...

N'imaginez pas trop! La révolte n'est pas un moteur, pas le mien en tout cas. Ni la frustration. Mais il y a tous les autres, toutes les volontés qui s'épuisent, tous ceux qui rebondissent contre le mur invisible des préjugés sociaux...

Vous êtes ministre... Mais l'Assemblée nationale ne compte aucun député d'origine maghrébine.

Tout le monde le constate.

C'est un problème ?

C'est un constat.

Vous n'avez pas d'opinion là-dessus ?

Je ne le résume pas aux « députés d'origine maghrébine » : vous me faites employer des mots qui ne sont pas de mon vocabulaire ! Je dis simplement que la France, dans ses élites et donc dans sa représentation nationale, doit représenter et ressembler à la France telle qu'elle est. Et la France telle qu'elle est, ce sont des ouvriers, ce sont des gens défavorisés, ce sont des gens privilégiés, ce sont des gens d'origine étrangère, également... Vous avez très peu d'ouvriers députés ! Mais des avocats, des énarques, des personnes certainement estimables, mais qui se ressemblent : un reflet des classes dites supérieures.

C'est asséchant?

Forcément.

Comment irriguer?

En faisant un travail de conviction : montrer que des personnes différentes sont là, et que le système peut se renouveler. C'est ce type de travail qu'on avait entamé au club XXIe siècle. Les partis politiques doivent promouvoir des candidats qui ne sont pas tous issus du même moule.

Peut-on les forcer à le faire, légalement?

C'est un débat qu'on a eu sur la parité. Je n'y étais pas favorable au départ, ayant peu de goût pour les catégories génériques... J'ai fini par admettre que, l'écart étant si important, seule une action contraignante y remédierait. Mais la diversité est plus complexe que la question binaire hommes/femmes... Je crois plus, ici, à la volonté politique.

Qui la possède?

Nicolas Sarkozy, bien sûr. Réveiller la société française, la remettre en mouvement, cela implique la diversité. Toute la diversité : on peut parler des origines, mais aussi des parcours, de la formation, de l'environnement culturel... Un exemple qu'il affectionne : qu'on soit forcé, adulte, de reprendre des cours de littérature afin de plancher sur *La Princesse de Clèves*, afin de passer un concours interne à la fonction publique, c'est excluant, et injuste socialement... Si on a travaillé vingt ans et qu'on a une compétence reconnue, on ne doit pas être empêché de passer à un grade supérieur par des tests académiques. C'est une manière hypocrite de protéger les territoires des classes cultivées et privilégiées...

Les élites se protègent en s'abritant derrière la culture... Nicolas Sarkozy est-il adepte de Bourdieu ?

Je vous donne des exemples, je ne tire pas de conclusions générales. Ou alors, tout le monde serait bloqué. Je ne crois pas au déterminisme – et le Président encore moins ! Mais il faut mener des batailles politiques pour faire sauter les obstacles.

Vous avez quitté le club... Parce qu'il avait échoué selon vous ?

On a convaincu pas mal de monde, je crois. Ensuite, j'ai eu beaucoup de travail. Je suis passée à autre chose.

Le risque existe-t-il de voir ce club, ou d'autres, devenir une agence de placement pour jeunes ambitieux, compétents, issus de l'immigration ?

Ce n'est pas un objectif honteux, au contraire. Il y a assez d'obstacles pour que certains cherchent à forcer les portes... Mais ce n'est pas mon histoire ni ma conception. Je ne suis pas partie en mauvais termes avec les animateurs du club. Je compte des amis parmi eux. Mais ce n'est plus mon histoire.

Vous n'aimez pas être enfermée dans une identité...

Je n'aime pas être réduite à un cliché, ou à ce que l'on peut projeter sur moi !

Mais vous n'êtes pas indifférente pour autant. Il y a des affinités qu'on ne combat pas... Avec cette jeune secrétaire d'Etat néerlandaise par exemple, il s'est passé quelque chose ?

Elle était avec son ministre de tutelle, de droite, membre du parti chrétien-démocrate. Elle est de gauche, avec un passé de parlementaire. Oui, il y a une curiosité. Une affinité. Une interrogation. Mais en même temps, cette affinité a des limites, ne peut pas aller bien loin. Je sers l'Etat français, elle l'Etat néerlandais. Ça n'aurait aucun sens d'inventer ou d'exhiber des accointances entre ministres d'origine... et nous n'avons même pas la même origine !

Pendant la campagne présidentielle, vous avez épargné une porte-parole de Ségolène Royal, Najet Belkacem, d'origine marocaine comme vous...

Là, vous plaisantez ! Pendant la campagne, j'ai porté la parole de mon candidat ! Comme Najet Belkacem a défendu Ségolène Royal avec intelligence et professionnalisme.

Et vous avez débattu avec elle...

Sur des sujets de société. Sur l'éducation. Nous avons fait notre travail.

Tout de même, vous prêtez attention à sa carrière, maintenant?

Je la trouve intéressante, estimable, prometteuse, et je souhaite qu'elle y arrive. Pas par solidarité ethnique, mais par souci de justice. Des politiques prometteurs, venus de la diversité, et qui ont été broyés par la machine à uniformiser, il y en a eu assez, et notamment à gauche... Cela contribue au déséquilibre de ce pays.

Mais la gauche n'est pas votre camp?

J'ai des amis à gauche, et je travaille avec et pour un Président de la République, qui veut décloisonner notre pays au service de tous les Français. Je dis bien tous les Français. Mais ne nous racontons pas d'histoire : c'est vers la gauche que se sont tournés, naturellement, les premiers militants issus de l'immigration, et c'est la gauche qui les a déçus. Au lieu de s'ouvrir, de s'imprégner de la diversité, les responsables socialistes, notamment, ont in-

venté la politique des « grands frères » : on
faisait monter en grade des gens issus des
quartiers, sans les intégrer à la machine politique, mais en les installant dans un rôle
d'intermédiaires entre le « vrai monde » et la
cité. Au lieu de regarder les individus, on a
porté un regard global sur les quartiers populaires et ses habitants. C'était un bloc homo-
gène, vécu comme tel, étranger et confiné dans
son étrangeté. Verbalement, on protège, on est
antiraciste, on est pour les démunis. Mais dans
les faits, on confine les gens dans leur ghetto :
culturel, social, géographique, et finalement
ethnique... Evidemment, la gauche – parce
qu'elle dirigeait, dirige encore largement les
villes populaires – a écrasé les talents, uni-
formisé, et participé à la ghettoïsation. Et j'ai
suffisamment d'amis au PS qui le disent.

*Ce sont ces socialistes issus de l'immigra-
tion que le PS ne sait pas faire élire ?*

C'est la gauche qui y perd. Et la politique, et
la France. Et j'ai des amis au PS qui ne sont
pas issus de l'immigration, et qui savent très
bien ce que leur famille rate...

Vous avez une obligation de résultats. Le bilan des précédents ministres « issus de l'immigration », sous Villepin et Raffarin, est plutôt décourageant...

Mais ont-ils eu les moyens et la confiance dont je bénéficie avec Nicolas Sarkozy? Quand Tokia Saïfi a été nommée au Développement durable, je me suis réjouie : c'est une femme bien, une militante associative et politique. J'ai été contente également quand Azouz Begag est entré au gouvernement. Ce n'était pas de la solidarité communautaire, mais une satisfaction de voir que le gouvernement s'ouvrait... Evidemment, leurs retraits m'ont déçue.

Begag considère, et a écrit, que Nicolas Sarkozy lui a fait la guerre, et est responsable de son échec...

Je n'ai pas lu son livre. Et je peux témoigner, pas seulement pour ce qui me concerne, que Nicolas Sarkozy souhaite ouvrir la société française, à commencer par le sommet. Ensuite, entre les hommes, il y a les rapports interpersonnels, les malentendus et les inimitiés, parfois manipulés ou exacerbés par d'autres... Mais si Azouz Begag n'est pas allé au bout de ce qu'il pouvait accomplir, ceux qui l'ont nommé doivent s'interroger. Nommer c'est parfait, mais ensuite, il faut faire vivre les gens ! Car si on les laisse échouer, c'est toute la « cause » qui est atteinte.

Vous, Nicolas Sarkozy vous « fait vivre » ?

Je porte des textes et des projets, conformément aux engagements du Président de la République. Je suis responsable. Si j'échoue, cela aura des conséquences, bien sûr. Mais j'aurai eu les moyens de réussir. Nicolas Sarkozy, c'est son fonctionnement, donne sa confiance à des individus. C'est ainsi que l'on fera avancer les choses, par des exemples – pas des modèles, mais des exemples montrant que la France est un pays du possible. Sans doute, ni l'ancienne droite, ni la gauche, n'ont eu ce raisonnement.

Au fond, la gauche a fait des Beurs une grande cause, commode moralement, mais désincarnée ?

Et à célébrer la cause, on a laissé tomber les gens, pris un par un. On a nié leur individualité. On les a, de fait, assignés à résidence ethnique et culturelle.

En attendant, votre amie Bariza Khiari s'est fait traiter de « gauche Tagine » par un responsable socialiste avec lequel elle était en désaccord. Lequel responsable n'a pas été sanctionné...

Je comprends qu'elle ait été blessée. Il y a des mots, des pratiques, des discours, qui finissent par décourager. On est renvoyé à l'extérieur. Un débat banal peut soudainement tourner au procès en illégitimité. Même pas au procès : à l'affirmation simple, sans complexe, banale, du préjugé. Qui que vous soyez, quoi que vous ayez prouvé.

Vous vous sentez solidaire des Beurs du PS?

Les Beurs du PS, quelle expression horrible! Ce sont des militants socialistes, qui croient à des valeurs, et ne sont pas reconnus à cause de ces amalgames. Ils deviennent beurs à cause des autres et dans le regard des autres, mais d'abord, ils sont français et socialistes ! Ce n'est pas un sentiment de solidarité qui m'anime, mais la compréhension d'un gâchis, et, certainement, du découragement. Je suis atterrée par ce que ses camarades ont fait à Malek Boutih. Ce qu'il portait était fort. On pouvait être en désaccord avec lui, lui reprocher des violences d'expression, des maladresses : mais c'est un homme de conviction, porteur de valeurs, d'un projet...

Nicolas Sarkozy lui a proposé de devenir ministre...

Ce que je peux vous dire c'est que quelqu'un comme Boutih – ou comme son amie Fadela Amara – est une richesse pour ce pays. Peu de gens sont capables de dire la vérité, leur vérité, de prendre des risques, au nom d'un principe politique. Eux en font partie...

Beaucoup de militants beurs rejettent Malek Boutih ou Fadela Amara.

C'est vous qui le dites. Mais cela peut venir en partie de vieilles histoires politiques et associatives, du ressentiment des animateurs du mouvement beur des années 80 contre SOS-Racisme, qui avait attiré toute la lumière, toute l'attention, toute la protection du pouvoir aussi, au détriment des mouvements de terrain. Ce n'est pas mon histoire, je vous l'ai dit ; mais à force de rencontrer des jeunes vétérans de ces combats... Je comprends ces ressentiments, mais je ne les trouve pas très utiles si l'on veut construire. Personnellement, c'est plutôt le discours du « droit à la différence » porté par SOS, au début, et les pièges dans lesquels il a entraîné les enfants des quartiers populaires, qui me posent problème. Mais ni Malek Boutih, ni Fadela, ne portent de discours différentialistes, au contraire. Ils sont complètement dans la problématique de l'égalité.

Qu'est-ce que le « plafond de verre » ?

Le plafond de verre, c'est l'interdit : non, ici, vous ne pouvez pas passer. C'est comme ça. Ce n'est pas pour vous. Vos compétences ne comptent pas, ni votre courage. Désolé, ça ne va pas être possible. Il se décline en politique, dans certaines entreprises, dans des administrations... C'est un renvoi aux origines –

ethniques, culturelles, sociales – qui justifie votre exclusion. C'est la mise en cause de vos capacités, a priori. Quand votre légitimité est attaquée, c'est le plafond de verre. Quand on doute de vos diplômes, c'est le plafond de verre... Il est parfois décoré d'hypocrite gentillesse, et les mesquineries sont accompagnées de fleurs... C'est « pour votre bien » qu'on vous empêche de vous épanouir! Souvent, les gens ne sont pas appuyés, ou renoncent, face aux poids des évidences et des faux amis... Et comment lutter contre l'exclusion, quand elle se vend comme une mesure sociale?

Le social serait le masque du plafond de verre?

Une certaine conception du social. L'assistanat ghettoïsant. Le saupoudrage des subventions, qui maintiennent les gens en vie, mais les empêchent de décoller. Confiner les militants des quartiers dans des rôles de grands frères, au service du parti. Ou l'invention des emplois jeunes, et ce qu'on en a fait, avec les meilleures intentions du monde, sous la gauche! J'ai rencontré une secrétaire qui m'a tendu un CV avec un bac plus 7! Elle ne trouvait pas d'emploi, elle a fini par accepter un emploi sous-qualifié, et ensuite, on lui a expliqué que les promotions étaient impossibles. J'ai vu des jeunes bac plus 5 en électronique, à qui on proposait un emploi dans leur quartier, c'était tellement mieux pour eux ! « Voilà un boulot pour toi »... Et certains jeunes acceptaient, sacrifiant tout ce qu'ils avaient construit, tous les efforts, toutes leurs ambitions. Et l'on s'étonne de nourrir les ressentiments ? Comment voulez-vous que des gens n'aient pas de frustration, de rancœur ou de colère ? On ne leur reconnaît ni compétence, ni courage, ni intelligence !

Ce n'est pas général ?

Evidemment, ce n'est pas général. Mais c'est souvent structurel. Les directeurs des ressources humaines embauchent des personnes qui leurs ressemblent. Le système des grands corps de l'Etat se reproduit à l'identique. Dans les grandes entreprises, les responsables passés par Polytechnique promeuvent d'autres polytechniciens, rarement le comptable qui a travaillé pour s'élever... Ce sont des habitudes qu'il faut casser. C'était l'idée du club XXIe siècle. Et c'est le complément du discours de vérité qu'on doit tenir aux jeunes des quartiers populaires : ni victimisation, ni plafond de verre !

Vous qui refusez d'être réduite à votre origine, comment avez-vous pu accepter l'aventure du « préfet musulman », nommé par Nicolas Sarkozy en mettant en avant son origine ?

Voulez-vous parler de la réalité de cette affaire, ou de sa légende ? J'ai été très heureuse de la nomination d'Aïssa Dermouche, et très triste de ce qui lui est arrivé ensuite. Il y a un scandale, dans cette histoire, mais ce n'est certainement pas celui de la nomination d'un homme compétent, au profil atypique, au cœur de la haute administration : le scandale, c'est le lynchage de cet homme, parce que l'abattre pouvait affaiblir Nicolas Sarkozy.

Attendez. Le mot « préfet musulman » était malheureux, non ?

Allons-y, une nouvelle fois. Quelle était la question ? Encore et toujours, celle de la monoculture des élites, y compris administratives et républicaines, et comment en sortir. Quelle était la réponse, celle de Nicolas Sarkozy ? Le volontarisme politique. Nommer quelqu'un qui n'était pas dans le moule, mais dont la compétence était indiscutable, pour affirmer une volonté et un exemple. Le mot « musulman » n'avait pas de connotation religieuse. Une personne de culture musulmane, tout le monde comprenait parfaitement. Mais à l'époque, le jeu consistait à traquer tout ce que disait Nicolas Sarkozy pour démontrer sa malignité... L'idée était d'envoyer un message aux élites : « Regardez, il y a des gens qui ne vous ressemblent pas, qui n'ont pas fait les mêmes écoles, les mêmes études, mais qui ont réussi, qui ont un parcours exemplaire et qui peuvent être préfets comme vous. »

En fait, vous inversez les termes. Quand on entend « discrimination positive », dans l'acception générale, c'est : des gens n'y arrivent pas à cause de leur origine ou de leur condition, on va leur donner une chance, un coup de pouce pour corriger une inégalité, une injustice. A vous entendre, il faut renverser le problème : il s'agit d'irriguer une société sclérosée, des élites fermées, en l'ouvrant à la diversité... Vous ne voulez pas sauver les populations discriminées, mais apporter du sang neuf au sommet... Il ne s'agissait pas de promouvoir Dermouche, mais d'enrichir la préfectorale!

Si vous débloquez la société française, si vous irriguez les élites, comme vous dites, vous permettez aux personnes tenues à distance de sortir de l'impasse. La France est riche de tous les Français, de tous leurs parcours, de toutes leurs origines. Elle est riche de sa culture. Mais l'élite est restée trop largement inchangée. Comme dit Nicolas Sarkozy, « c'est la même tête avec le même costume. » A partir de là, comment provoquer le changement? Non pas en plagiant l'« *affirmative action* » américaine – cette correction systématique des inégalités structurelles, mesurées sociologiquement, par les quotas – mais en revendiquant la volonté et le choix politique.

L'affaire Dermouche vous a-t-elle rendue pessimiste?

J'ai toujours été optimiste. Il ne faut pas renoncer. La réalité ne peut que s'imposer.

Vous avez franchi les frontières sociales...

Sans feuille de route, ni GPS social... J'ai grandi, simplement.

Vous vous imaginiez médecin, au départ.

C'était une fausse bonne idée, et une vraie envie en même temps. J'avais travaillé dans des cliniques depuis l'adolescence. D'abord, pour gagner de l'argent pour mes études. Ensuite, c'est devenu plus fort. J'ai pensé que ma vie devait être là...

Ce n'est pas courant, d'aller dans une clinique pour gagner de l'argent ?

Une clinique se trouvait pas loin de chez moi. J'y suis allée un peu au hasard... En fait, j'avais toujours travaillé. A 14 ans, je faisais du porte-à-porte pour vendre des produits cosmétiques, la marque Avon. J'aimais travailler et je voulais aider mes parents. J'ai été vendeuse, caissière... J'ai également été animatrice en centre aéré pour les enfants. J'étais à peine plus âgée qu'eux! La clinique Sainte-Marie, ça a été la suite. J'y suis allée sans avoir de rendez-vous. La secrétaire m'a dit qu'il n'y avait rien pour moi. Bon. Je suis sortie, j'ai vu une porte où il y avait marqué « directeur ». J'ai frappé et je suis entrée...

Ça a l'air simple comme ça... Aucune appréhension, adolescente, quand on entre dans un bureau où l'on n'a rien à faire?

Ce n'est pas une question d'appréhension. On fait les choses parce qu'on doit les faire. On le fait sans réfléchir ou se demander ce qui peut se passer... Fondamentalement, aller dire à Nicolas Sarkozy, en 2002, « voilà, je veux travailler avec vous », ou forcer la porte d'un patron de clinique quand je suis adolescente, c'est la même chose!

Et le directeur de la clinique a été aussi accueillant que Sarkozy?

Il a été un peu bourru! Il était très massif, assis derrière son bureau. Moi : « Voilà, je cherche un travail; je voudrais travailler ici. »

Lui : « Et comment pouvez-vous entrer comme ça dans mon bureau ? » Moi : « Je suis prête à travailler pour vous. » Il m'a fait la leçon pendant un moment. Puis il s'est arrêté, il s'est levé ; et m'a dit : « J'ai peut-être quelque chose. » Voilà. C'était fait. J'ai été standardiste, aide-soignante de jour, aide-soignante de nuit. Le directeur m'a appris le métier. J'étais aussi fière que si j'étais devenue médecin... J'avais l'impression d'avoir appris un métier. Je garde à cet homme, Pierre Deliry, une infinie reconnaissance.

Il y a quand même un truc, pour se faire dire oui comme ça ?

Savoir qu'on peut vous dire non, et que la terre ne s'effondrera pas pour autant. J'ai le goût du risque, mais en fait, pas tant que ça. D'un côté, je vais vers les gens, je les aborde. Mais en même temps, si ça ne se fait pas... Longtemps, j'ai pensé que s'entendre dire non était un moindre mal. Personne ne le saurait jamais, sauf moi.

Et la trouille au ventre, le côté, je joue tout ?

Chaque fois que j'ai sollicité un emploi, vendeuse ou conseillère d'un ministre, j'ai joué ma vie. Je me fixais un objectif, je me disais : je le veux, je veux faire ça. J'ai mis la même énergie pour devenir magistrat que pour devenir aide-soignante !

Qu'avez-vous appris à la clinique ?

Ce qu'on apprend quand on côtoie la souffrance. La magistrature et la médecine sont deux activités humaines où l'on travaille avec la souffrance, avec l'incompréhensible – et pourtant, ce que l'on ne comprend pas, ce que l'on n'accepte pas, on doit l'aborder de façon rationnelle, il n'y a pas d'autre voie. On rencontre des peines, des deuils, la mort, la maladie, l'injustice... On découvre que l'ordre des choses est parfois un désordre innommable.

Face à la souffrance des autres, vous avez commencé à vous blinder, très jeune – parce que sinon, on n'y arrive pas ?

Se blinder, c'est un faux problème. On doit accepter sa sensibilité, ne pas la brider, mais sans se laisser fragiliser.

Ce n'est pas quelque chose qu'on a de manière innée, naturelle, à 17 ans ?

Je n'en sais rien. J'ai été touchée. Je me souviens d'un jeune homme qui est décédé d'un cancer du poumon. Je lui faisais sa toilette, il me disait : « Ouvrez la fenêtre. J'ai du mal à respirer. Madame, s'il vous plaît, ouvrez-moi la fenêtre. » Il était d'une douceur et d'une tendresse... Quand vous avez 17 ou 18 ans, c'est très dur : vous ne pouvez rien pour lui. La fenêtre est ouverte. Qu'est-ce que vous lui dites ? Vous lui dites : « Non, c'est votre maladie qui vous empêche de respirer » ? Evidemment, on ne dit rien. On essaie de l'apaiser.

Comment fait-on pour s'habituer ?

On ne s'habitue pas. Je ne me suis jamais habituée au décès des personnes dont je m'occupais. La mort fait partie de l'existence. On l'accepte, avec douceur et tendresse pour ceux qui sont partis. Quand quelqu'un décède à l'hôpital, on lui fait sa toilette, on l'habille. Je passais du temps à cela. Je les coiffais, je les parfumais, je les habillais, avec respect... Je me souviens de personnes qu'on ne pouvait plus chausser, parce qu'elles étaient restées trois mois à l'hôpital et la maladie avait déformé leur corps. Je m'efforçais de les chausser et ça ne rentrait pas.

Quand la maladie et la mort sont entrées directement dans votre vie, vous étiez préparée?

On ne l'est jamais. Quant à la capacité qu'on a à accepter... C'est tellement individuel. Je ne crois même pas que mes expériences de jeune femme, près des morts, m'ont rendue « plus forte ». Forte, si je le suis, je l'étais avant. On a en soi les capacités à résister, plus ou moins... Quand vous êtes malheureux, vous avez l'impression d'être le seul au monde à être très malheureux. Et quand vous êtes très heureux, vous avez le sentiment d'être le seul à éprouver ce sentiment de bonheur.

Et quand vous rencontrez, dans vos fonctions actuelles, des détresses absolues, vous réagissez avec votre expérience?

La douleur est universelle. Chacun peut la comprendre, mais elle ne se partage pas...

Vous n'avez pas fait carrière comme aide-soignante ou infirmière.

Mais j'ai voulu être médecin. Mes emplois de jeunesse me servaient avant tout à avancer. Et j'ai continué à travailler en clinique jusqu'à ce que je vienne à Paris, en 1987... Après le bac, je suis partie à Dijon en fac de médecine d'abord. J'ai le souvenir d'un immense tunnel de boulot, entrecoupé de trains, imprégné de nostalgie de ma maison, d'inquiétude pour mes parents que j'avais quittés. J'étudiais et je travaillais tout le temps. Dans des cliniques, donc, à Dijon, la nuit ; et à Chalon le week-end, la nuit encore. J'avançais à l'énergie, à la patience et à l'espérance. Une chose après l'autre, et cela finirait par venir.

Vous avez échoué en médecine ?

J'ai réalisé que c'était une erreur. Je ne me voyais pas attendre aussi longtemps pour avoir un travail, être dans ma vie. Je n'avais pas assez d'imagination pour cela, ni de patience sans doute. On a arrêté avec une amie. Elle est partie en droit, elle est avocate à Paris. Moi, j'ai fait économie. Je me suis réinscrite en fac à Dijon. J'avais un peu honte d'avoir une année de retard ! Jusque-là, j'avais toujours tout réussi du premier coup.

Pourquoi éco ?

Par calcul et par inquiétude. C'était une filière qui me permettrait de trouver un travail si j'arrêtais mes études. J'avais peur, à un moment, d'être limitée matériellement. De ne plus y arriver. C'est à cette époque qu'un professeur m'a dit : « Dans la vie, il faut choisir. Ou on fait des études ou on travaille. Mais on ne fait pas les deux. » Je me disais que, si un jour je devais caler, si tout devenait trop dur, avec l'économie, je ne serais pas dépourvue. C'était des raisonnements simples : avec un DEUG d'économie, je pouvais être assistante ou comptable. Avec une licence, je pouvais peut-être commencer à faire du contrôle de gestion. Je voyais les métiers possibles progresser avec les études...

C'était un raisonnement défensif, pas vraiment un plan de conquête du monde...

C'était tout ce que je pouvais imaginer. Etape par étape, mais sans visibilité. Survivre pour avancer, mais sans but magnifique. Je savais que j'avais quelque chose en moi, je ne savais pas quoi, ni même si j'accomplirais mon potentiel.

Pas de colère, d'être forcée de travailler pour étudier, quand d'autres avaient des avantages ?

La colère prend du temps et de l'énergie. Quand ce professeur m'a expliqué que je devais choisir entre mon travail et mes études, je n'ai rien dit. J'ai encaissé, et j'ai avancé. Je n'avais pas le goût de la colère et de l'agressivité. Mais ce que j'avais, c'était la détermination. Une détermination silencieuse et sourde. Elle m'a toujours accompagnée. Si on voulait me freiner, je n'écoutais pas, je n'entendais pas. On pouvait me critiquer, me décourager, gentiment ou hypocritement, ça glissait. J'ai longtemps été comme ça... Une force intérieure me soutenait. Je me disais : « Ceux qui me disent de renoncer doivent avoir raison, ils savent mieux que moi... Mais au fond non, ils ne peuvent pas mieux savoir que moi. Je le sens. » Et je continuais, pas à pas...

Quand vous vous souvenez de vos difficultés, comment jugez-vous les milieux que vous fréquentez aujourd'hui?

Je n'ai pas de revanche sociale à prendre.

Et quand on vous rappelle que vous êtes illégitime, quand on enquête sur vos diplômes, vous vous dites que la bourgeoisie est bien fermée?

Je ne généralise pas. Le soupçon systématique est le fait d'une minorité. Ce n'est pas la réalité de la France.

Dans un portrait publié par Le Nouvel Observateur, *vous avez une phrase curieuse : « Que diriez-vous à votre fille si pour conquérir sa liberté elle utilisait de faux documents? Si c'était le prix de sa liberté? » Qu'est-ce que cela veut dire?*

J'ai eu une longue conversation avec la journaliste, Agathe Logeart. On parlait des mariages forcés, des destins brisés, des contraintes de fer qui pèsent sur les femmes, parfois, qui n'ont pas les moyens de construire leur liberté... C'est dans ce contexte que je lui ai dit cela : « Si votre fille devait mentir ou vous mentir, pour pouvoir échapper à quelque chose qui est contre sa liberté... » Cela n'a rien à voir avec une apologie du faux diplôme ! Je crois en l'éducation, en l'enseignement, en l'université. Je suis très attachée au respect de la règle, de la loi. Les transgressions me sont insupportables, comme les petits arrangements, l'absence d'effort, les facilités ! Depuis toujours, j'ai considéré que mes diplômes étaient mes piliers. Croyez-moi, je ne jouerais pas avec ça : ce serait me perdre.

Mais au fond, dans une société fermée, percluse de préjugés, n'a-t-on pas le droit moralement de tricher, s'il n'y a pas d'autre solution ? Quand on vient de tout en bas ?

Vous n'en venez pas, sinon, vous connaîtriez la réponse ! Des gens de ma condition – ma condition initiale – ne peuvent pas tricher. On ne le leur pardonnerait pas. Nous ne pouvons pas être cyniques, parce que le risque serait trop grand. Je ne vous parle même pas de morale ou de principe, ici. Mais d'une réalité.

Mais comment franchir les portes fermées ?

Travailler et travailler encore. Aller vers les gens, pas pour se faire adopter ou pistonner, mais parce qu'on en vaut la peine, parce qu'on a énormément travaillé, et qu'on va être reconnu. Convaincre le monde qu'on le mérite, et faire en sorte que ça soit vrai.

Quand avez-vous commencé à convaincre ?

Quand j'ai rencontré Albin Chalandon. Je lui ai dit, un jour, qu'il m'avait donné un acte de vie. Je dois ma naissance à mes parents, mais ma construction, la vie que j'ai construite, je la lui dois... Pas seulement parce qu'il m'a mis le pied à l'étrier – il m'a effectivement permis d'entrer chez Elf – mais parce qu'il m'a reconnue. Quand nous avons noué une relation, je me suis dit, « ça y est, j'ai amorcé quelque chose »... Jusque-là, je n'avais jamais été reconnue. J'avançais seule, sans retour ni validation. Je progressais, mais je n'avais pas de répondant. L'amour de mes parents, des enseignants qui m'aidaient, des amis. Mais savoir ce que l'on vaut, dans le regard de quelqu'un qui a connu la vie, qui a accompli un parcours... C'est arrivé avec lui. Il ne se contentait pas de me dire, « c'est bien vous travaillez bien, vous avez de bons résultats », mais il dialoguait avec moi, il m'écoutait, me faisait avancer, me conseillait...

Votre rencontre fait partie de la légende...

Ce mot est terrifiant ! C'est une histoire simple à raconter, parce qu'elle est arrivée simplement. J'étais à Dijon, étudiante... J'ai lu dans je ne sais plus quelle revue que l'ambassade d'Algérie allait célébrer sa fête nationale lors d'une réception à l'hôtel Intercontinental, à Paris. De mémoire, ça devait se passer un jeudi. Jeudi 5 novembre... Et je ne sais pas pourquoi... J'ai écrit à l'ambassade, à l'ambassadeur, pour dire que j'avais une maman algérienne, et que j'aimerais être invitée à la réception. Et j'ai reçu un carton.

Ça n'arrive jamais, ces choses-là !

Et pourtant... Le 5 novembre, j'ai attrapé le TGV pour Paris, pour aller à cette fête. Et c'est là que ma vie va basculer... Je vais croiser Albin Chalandon, alors ministre de la Justice, dont j'avais lu le portrait dans un journal, dont mon père m'avait parlé. Et je vais oser l'aborder... Et lui va m'entendre...

Ça fait quand même conte de fées !

C'est la part irrationnelle du destin. Avant et après, on travaille, et à un moment il y a quelque chose... Chalandon m'a dit, plus tard, que cette fête était la seule réception diplomatique à laquelle il s'était rendu en tant que garde des Sceaux ! A quoi cela tient ?

Et en même temps... Quelle étrange réception diplomatique ! Une jeune fille de... 20, 21 ans ?

J'avais 22 ans.

Une jeune fille qui rêve d'une réception diplomatique, c'est plutôt rare ! Ç'aurait été une invitation aux Bains ou au Palace, j'aurais compris...

Je vous mets à l'aise : tout ce qui a été boîtes de nuit, fêtes, rock, ça n'a jamais été mon truc. J'ai été une piètre adolescente de ce point de vue. J'avais l'impatience de l'âge adulte, depuis toujours. Quand j'ai lu qu'il y avait cette réception, je me suis dit que j'allais voir une activité diplomatique. Je ne rêvais pas à un bal de l'ambassade. Mais je pensais voir des gens qui venaient de l'étranger, toucher à l'international. Quelque chose de grand, d'ouvert... Diplomatique, effectivement, ça me faisait rêver.

Et que ce soit l'Algérie...

Si ç'avait été l'ambassade du Danemark, j'aurais peut-être fait la même chose. Mais je n'aurais pas pu parler de ma mère.

Reconnaissez que c'est rare. Il ne devait pas y avoir beaucoup de gamines de votre âge dans cette fête.

Mais je suis sûre qu'il y a plein de gens qui ont eu envie d'autre chose, de rencontres n'ayant rien à voir avec leur quotidien tout tracé, avec la banalité des évidences. Ça peut paraître baroque, que j'aie eu envie de cette réception, ou qu'elle m'ait attirée. Mais ne pas l'admettre, c'est tomber dans le déterminisme social. Toutes les gamines de province ne rêvent pas seulement à des concerts au Zénith ou à la Star académie ! Méfiez-vous de vos clichés ! Vous vous étonnez qu'une réception diplomatique m'ait réveillée... D'autres s'étonnent que, venant d'où je viens, je sache m'habiller...

Au fait, comment étiez-vous habillée ?

Une robe en lin noir, avec des épaulettes. C'était la mode des épaulettes. C'était une très jolie robe, tout à fait une robe de sortie.

Et comment se passe, alors, votre entrée dans le monde ?

Simplement. Etonnamment simplement. Je suis au milieu de cette foule et je vois d'abord Roger Hanin. Je l'aborde. Il était l'acteur préféré de maman. Je le lui dis, je lui parle du *Coup de sirocco*, du *Grand Pardon*...

Et qu'est-ce qu'il dit, Hanin, à cette jeune fille qui le...

Il me donne ses coordonnées. On est restés en contact. Et nous avons fini par devenir amis. Et puis j'entends l'huissier qui annonce Albin Chalandon. Et là, je percute. C'est l'homme dont mon père m'a parlé. Le monsieur du journal. J'avance vers lui ; je l'aborde. « Bonjour, je voudrais vous rencontrer. Je voudrais un rendez-vous avec vous. » Il me dit : « Appelez-moi à mon bureau ». Et moi : « Non, non, vous savez très bien qu'on ne me prendra pas au téléphone. Je voudrais absolument qu'on se voie. Si je dis que vous m'avez dit d'appeler, on ne me croira pas. »

C'est cela, jouer sa vie en un instant ?

Je lui ai parlé comme si ma vie en dépendait ! Je lui disais que je savais qui il était, qu'il avait été ministre du général de Gaulle, qu'il avait été résistant ! Je lui racontais sa vie et lui me regardait d'un air interloqué : une jeune femme qui lui débitait son CV ! Au bout de cinq minutes, il m'a dit : « Notez mon adresse chez moi. Vous allez m'écrire. En fonction de ça, on se reverra. » Je suis rentrée à Dijon. Je lui ai écrit. Trois jours plus tard, il me rappelait : « Venez à Paris. Je vous invite à déjeuner. Je vous aiderai. »

Qu'est-ce que vous lui aviez écrit?

Je lui ai dit qui j'étais, je lui ai décrit ma vie, et je lui ai dit que, peut-être, il pourrait m'aider à trouver un stage en entreprise. A l'époque, je ne travaillais qu'en milieu hospitalier. Il m'arrivait de travailler toutes les nuits pendant la semaine – je travaillais pour plusieurs établissements. C'était épuisant et cela ne correspondait pas à mes études d'économie. J'avais besoin de sortir de ça. J'ai dû le toucher, puisqu'il m'a invitée à venir le voir.

Donc re-TGV?

Re-TGV.

Re-robe?

Non. J'avais un pull gris, un pantalon bleu et un imper kaki dont la doublure était déchirée.

Vous vous souvenez d'une doublure déchirée?

Je me suis accrochée à un pare-chocs de voiture en arrivant à Paris!

Racontez-moi le déjeuner.

J'arrive Place Vendôme. On me fait monter au salon rouge. On m'installe. Et je regarde autour de moi avec avidité. Le fauteuil avait une tête de lion. Le mobilier n'a pas changé aujourd'hui. Quand je suis devenue ministre moi-même, j'ai observé cela. Enfin, Albin Chalandon arrive, avec un cadeau pour moi : les livres d'économie politique de Raymond Barre.

Voilà bien un cadeau !

C'étaient les ouvrages de référence à l'époque !

Je plaisantais... Et ensuite ?

On a déjeuné ensemble dans cette grande salle à manger. C'était il y a juste vingt ans. Je n'avais pas la moindre idée qu'un jour, je serais ici, en fonction...

De quoi parlez-vous ?

Au début, il m'a demandé ce qu'il pouvait faire pour moi. J'ai répondu : « J'aimerais bien qu'on continue à se voir. Est-ce qu'on peut juste se voir, comme ça? » Je me suis dit : peut-être que s'il me donne un stage ou un job, je ne le verrai plus. Et je ne voulais pas disparaître, comme ça. Je sentais que j'avais besoin de parler avec lui. Que j'apprendrais avec lui.

Et lui?

Il a répondu : « Ça, c'est acquis. » Et il a ajouté, « mais je voudrais vous aider autrement ». Ensuite, il m'a demandé de lui parler de ma famille. Je lui ai raconté Chalon, la famille nombreuse, les HLM, ma vie. J'étais contente. Il se passait quelque chose.

Et ensuite?

Ensuite, nous sommes devenus amis. Cela n'a pas cessé jusqu'à ce jour. Nous nous sommes revus. Je lui ai écrit. Pendant deux, trois ans, je lui écrivais tous les jours. On parlait. On prenait des thés, on déjeunait ensemble. Je lui racontais ce que je faisais, ce qui m'encourageait, ce qui me révoltait. J'avais besoin de lui parler, et lui s'en amusait... Il disait : « Elle parle beaucoup. »

Après votre première rencontre, il vous a trouvé un travail à Paris.

Il m'a fait recevoir chez Elf-Aquitaine. Et là, j'ai décroché un emploi de comptable. Un vrai métier, enfin... Tout est allé très vite : j'ai rencontré Albin Chalandon en novembre 1987, je commence chez Elf le 1er janvier 1988. Je quitte Dijon, je m'installe à Paris, dans une petite chambre rue de Bourgogne, qu'un de mes frères récupérera quand il viendra étudier à Paris... J'ai habité avec une amie, en région parisienne.

A Dijon, vous étiez en cité U ?

J'ai vécu en cité universitaire, puis j'ai partagé un appartement avec deux amies. L'une est au CREDOC aujourd'hui, l'autre, je l'ai perdue de vue.

Elles ont dû être surprises de votre envol ?

Elles se sont dit, « tiens, c'est encore un truc de Rachida » ! Je ne fonctionnais pas comme elles. L'une était très brillante, une fille d'enseignants – j'aimais beaucoup ses parents –, et rien ne comptait en dehors de ses études. L'autre ne pensait qu'à se marier. Moi, je voulais étudier, mais je cherchais l'espace, la vie...

Si vous n'aviez pas rencontré Albin Chalandon, est-ce que vous seriez sortie de l'anonymat ? On a tendance à dire oui, tant vous êtes capable d'aller vers les gens. Mais...

En fait, je ne sais pas. Je ne sais pas si beaucoup de gens auraient été capables de s'impliquer pour moi... Je ne sais pas la part de la chance... Je sais ce que je dois à la reconnaissance. Envers Albin Chalandon ; envers Jean-Luc Lagardère, qui m'a prise à Matra, et qui a financé mes études de management. Envers Nicolas Sarkozy, pour m'avoir fait confiance en politique, alors que je ne ressemblais à personne...

Avez-vous jamais demandé à Albin Chalandon pourquoi il vous a aidée ?

Non.

Après tout, c'est assez rare, et...

Ce qui est rare, c'est le don, et des gens m'ont donné. J'aime certaines personnes, très profondément, pour leur générosité, pour tout ce qu'elles irradient. Normalement, je suis très pudique de sentiments. Mais j'aime Albin Chalandon. Je l'aime d'amour – je ne parle pas d'un sentiment amoureux, évidemment, mais de quelque chose de très fort et d'inentamable. J'éprouve la même chose pour Simone Veil – avec, en plus, l'intensité d'une relation de femmes. Des choses qui se passent entre nous, des instants de compréhension... J'aime ces personnes. Et un de mes principes dans la vie, c'est de ne jamais transiger sur ma reconnaissance.

Et comment la manifester ?

En n'oubliant rien. Et en se montrant digne de ce qu'on fait pour vous. Quand on s'est rencontrés, Albin Chalandon m'a dit : « Je vais vous mettre un pied à l'étrier, mais c'est à vous de mettre le deuxième. » J'ai répondu : « Il n'y a aucun problème. » Après, j'ai passé ma vie à lui démontrer qu'il ne s'était pas trompé. A leur démontrer qu'ils ne s'étaient pas trompés, tous, en me regardant. J'en suis encore là avec Nicolas Sarkozy.

Toujours sous le regard des adultes? Jamais rassurée?

Adulte, je le suis. Mais je n'ai pas honte d'être reconnaissante et je me haïrais d'être oublieuse.

Aujourd'hui, vous êtes Albin Chalandon... C'est vous qui êtes en position d'ouvrir la vie à quelqu'un qui piafferait, qui ne trouverait pas de porte d'entrée... Vous sauriez faire pour d'autres ce que lui a fait pour vous?

Pour être totalement honnête, je ne sais pas. Je ne sais pas si je possède la hauteur et l'élégance qui sont les siennes. Lui possède une telle assurance, une telle perception des gens, un tel recul sur la vie... Je donne, mais pas encore de la manière avec laquelle il m'a donné.

Mais si demain un jeune homme vous écrit, il vient d'ailleurs, vous êtes sa seule porte, et...

On m'écrit. Et j'aide. J'agis en recommandant dès que je le peux.

L'utilisation de votre carnet d'adresses, un des plus beaux de Paris... C'est classique...

Mais ce n'est pas le même engagement que celui d'Albin Chalandon auprès de moi, je le sais bien. Je n'ai pas encore cette force, ni son discernement... Je vous explique. Quand des jeunes viennent vous voir, parfois ils ne demandent pas un simple coup de pouce, un contact ou une entrée... Parfois, ils vous expliquent qu'il faut aussi les porter. Les prendre en charge, avec leur passé, leurs problèmes, leurs souffrances...

Vous avez été comme ça ?

J'ai une relation de vingt ans avec Albin Chalandon, mais la qualité de ce lien, c'est aussi que je ne l'ai pas assiégé avec ma vie personnelle... Je le voyais, je lui parlais, il me conseillait, je m'imprégnais... Mais mes problèmes, je les gardais pour moi. Je n'avais pas à les imposer à ceux qui m'aidaient à Paris. Quand Albin Chalandon m'avait dit : « Je vous mets un pied à l'étrier, c'est à vous de mettre l'autre », j'avais pris cela très au sérieux. Il me guidait, il m'introduisait chez Elf, mais ensuite, le reste, tout le reste, c'était à moi. J'avais l'idée qu'il faut être digne. Savoir tenir son rang.

Tenir son rang! C'est une expression aristocratique!

Ce n'est ni un luxe, ni un privilège. L'idée de me répandre m'était insupportable. Tenir mon rang, c'est savoir le prix que j'ai payé pour accomplir mon parcours, et ne pas l'abîmer dans la facilité. C'est respecter ceux qui m'ont tendu la main, et ne pas les envahir...

Et vous redoutez que les jeunes que vous aideriez n'aient pas cette retenue?

Ou que moi, je ne sache pas faire la part des choses.

Y a-t-il eu des moments où Albin Chalandon, au cours de votre relation, vous a dit : « Là, tu... » ? Au fait, c'était « tu » ou « vous » ?

Non, vous. Et moi, je l'appelle Monsieur, aujourd'hui encore. Il veut que je l'appelle Albin et je n'y arrive pas. Je suis comme ça. J'appelle Simone Veil « Madame » – mais je dis « Antoine » à son mari... Jean-Luc Lagardère, je l'appelais Monsieur.

Et Sarkozy ?

Monsieur le Président. Et avant, Monsieur le ministre.

Est-ce qu'il y a eu des moments où Albin Chalandon vous a dit : « Vous êtes dans l'erreur, vous avancez trop vite ou trop lentement... »

Parfois, il me disait : « Oh là là, mais vous ne pouvez pas rester tranquille ? » Je changeais souvent de travail, il devait me trouver instable, et en même temps, c'était plutôt sympathique...

Vous avez la bougeotte ?

C'est toujours le même principe. Une étape, puis l'autre. Accomplir quelque chose, puis aller au-delà. Ou, comme dirait mon père, ajouter une rangée de briques...

Vous vous ennuyez vite ?

C'est plutôt la curiosité qui ne me lâche pas. Je suis plutôt stable depuis cinq ans ! Je travaille avec Nicolas Sarkozy depuis 2002.

En changeant de statut tout de même !

Pour moi, c'est une continuité. Je me suis construite dans le mouvement, en allant vers les autres.

Quel a été votre parcours ?

D'abord, Elf. J'étais comptable. Je faisais de la comptabilité clients, les factures, des bilans, du reporting. J'étais agent de maîtrise. Au bout de deux ans, j'ai rencontré Jean-Luc Lagardère, qui m'a permis d'entrer chez Matra. Là, c'était un travail de cadre. Je faisais de l'audit à la direction financière. En même temps, je suis allée étudier à l'Institut supérieur des affaires. Ensuite, je suis allée à Londres, à la BERD, la Banque européenne pour la reconstruction et le développement, travailler avec Jacques Attali. Après son départ, je suis rentrée en France, j'ai un peu travaillé pour une entreprise textile appartenant à Albin Chalandon, dans l'Aisne. Puis j'étais à la Lyonnaise des Eaux avant d'intégrer la magistrature, sur les conseils de Simone Veil et de Marceau Long... Et en 2002, je suis entrée au cabinet de Nicolas Sarkozy...

Toute une vie en quelques phrases ! Et en même temps, vous construisez votre réseau ? Toutes vos étapes professionnelles sont liées à des personnes...

Mais ce n'étaient pas des passe-droits, ni des promotions exorbitantes ! Chez Matra par exemple, j'étais un cadre parfaitement anonyme, pas un membre de la direction ! J'étais à ma place, au poste correspondant à ma compétence. Mais en même temps – ça a toujours été le côté baroque de mon parcours – Jean-Luc Lagardère me considérait comme son amie.

Nous allions dîner, il me présentait ainsi :
« Voici mon amie Rachida Dati. » Albin Chalandon faisait de même. Je me souviens d'être
allée au restaurant avec lui, l'entendant dire à
d'autres relations : « Je vous présente Rachida
Dati, une amie. » Et le lendemain, j'allais faire
mon travail de comptable, en parallèle avec
mes études.

Parce que vous étudiiez aussi ?

A Dijon, j'ai obtenu mon DEUG. Et j'ai
continué à Paris, licence, deux maîtrises... Il le
fallait pour aller au bout de ce dont j'étais
capable...

Quand vous étiez avec vos protecteurs...

Mes amis...

*... les gens se demandaient qui était cette
jeune femme ?*

Parfois, ils ne me voyaient même pas. Leurs
regards étaient transparents.

C'est une étrange sensation que de ne pas exister.

En fait, je m'en moquais. Quand j'étais avec Albin Chalandon, j'avais envie de lui parler. C'était la même chose avec Jean-Luc Lagardère. Ce n'était pas un problème, d'être vue ou reconnue. J'apprenais de mes amis, je progressais... On se voyait, on discutait. Eux aussi avaient leurs capteurs ouverts. Jean-Luc Lagardère m'interrogeait sur la jeunesse, la société, les aspirations... C'est lui qui m'a conseillé de faire l'ISA, l'Institut supérieur des affaires, pour compléter mon cursus...

Tout ce réseau – ces amitiés... C'est Albin Chalandon qui vous a ouvert son carnet d'adresses ?

Il parlait de moi. Mais les rencontres que j'ai faites correspondent toujours à une histoire, une démarche personnelle. Jean-Luc Lagardère par exemple... Je l'ai rencontré le 11 décembre 89 : c'était les trente ans de la Fondation de la vocation. Ma sœur aînée Malika avait reçu un prix, et il y avait eu un dîner d'honneur avec tous les donateurs, dont Jean-

Luc Lagardère. Je l'ai abordé à ce dîner. Je lui ai dit que je voulais travailler pour lui. Il m'a répondu : « Je n'ai pas de raison de me priver de quelqu'un comme vous. Appelez demain mon directeur de cabinet. » Ça a été le début de notre relation...

Et Marceau Long ?

C'est encore une autre histoire. Je suis allée le chercher, par curiosité... J'avais lu qu'un colloque allait se tenir à Lyon sur l'Europe, et l'Europe m'intéressait. Marceau Long le présidait. Je ne savais pas qui il était exactement.

Le vice-président du Conseil d'Etat, l'instance suprême du droit administratif...

Je n'en savais rien ! C'était l'homme qui présidait un colloque qui m'intéressait, et auquel je ne pouvais pas me rendre. Je suis allée au plus simple : j'ai cherché ses coordonnées dans l'annuaire. C'était dans le XIIIe arrondissement de Paris. Je lui ai écrit, pour lui dire que l'Europe m'intéressait. Il m'a répondu. Il m'envoyait des livres sur la construction européenne... Ce qui est amusant, c'est que l'adresse ne correspondait pas à son domicile, mais à celui de sa fille – qui lui faisait suivre mon courrier! Un jour, je lui ai écrit que j'avais envie de le voir. Il m'a invitée à déjeuner au Conseil d'Etat... Quand je suis arrivée, la jeune femme de l'accueil m'a fait monter « dans la salle à manger du Président ». J'ai été surprise. Ainsi donc, il était un président?

Vous étiez vraiment aussi loin...

Curieuse, avide de comprendre, et sans les repères. Pourquoi en aurais-je eu honte? J'apprenais. Je demandais. Mon envie a plu à Marceau Long. Nous sommes devenus amis. Et il m'a permis d'aller réviser mes examens à la bibliothèque du Conseil d'Etat. Ça, c'était un cadeau...

Tel que vous le racontez, ça a l'air facile.

Ce n'est pas compliqué de vouloir progresser et d'aller directement vers les gens. Mais vous savez, pour un oui, quand j'étais jeune, j'avais un, deux, trois non... Je réinsistais, je repartais.

Mais vous avez appelé beaucoup de gens, comme ça, sans les connaître ?

J'ai écrit à Jean-Louis Bianco quand il était à l'Elysée. Il m'a toujours répondu, on s'est rencontrés ainsi. J'ai également contacté Anne Lauvergeon, alors sherpa de François Mitterrand, qui dirige aujourd'hui Areva... Elle a été très bien avec moi... J'avais besoin de travailler plus. Je voulais aider mes parents, financer les études de mes frères et sœurs. D'ailleurs, à une époque, je déduisais les frais de scolarité et de vie de ma famille, ce qui a conduit à un redressement fiscal, car vous ne pouvez aider que vos enfants et vos parents. J'ignorais qu'à l'époque, on ne pouvait pas aider ses frères et sœurs. J'avais des contrats en CDI, mais je cherchais des petits boulots, des missions, le samedi, le dimanche, le soir. Par la suite, j'ai rencontré ainsi Martine Aubry, puis Dominique Strauss-Kahn, qui avait monté un club, le Cercle de l'Industrie... Il cherchait un secrétaire général. Ça ne s'est pas fait, mais on est devenus amis ainsi.

Vous avez connu tout le monde avant d'être du côté de ceux qui dirigent le pays...

Ce n'était pas aussi pensé que ça. J'ai toujours été ainsi. Je regarde, j'observe, j'écoute... J'observe les gens, comment ils se comportent, ce qu'ils disent ou ce qui émane d'eux. Ainsi Anne Lauvergeon, je la voyais de loin. Elle avait l'air d'avoir quelque chose. Je lui ai écrit et elle m'a répondu... Ensuite, c'est la vie qui fait son œuvre.

C'est ainsi que se bâtit un carnet d'adresses.

Mais sans intention au départ. Je ne suis pas stratège. Mais j'ai une constante : aller vers les autres et m'enrichir de ce qu'ils sont. J'ai aimé rencontrer Hubert Védrine... Il a pris du temps avec moi... Ou Jacques Rigaud, l'ancien président de RTL. Je lisais des petits articles culturels sur les festivals, qu'il écrivait dans la revue du TGV. Je les lisais dans le train, je me cultivais en voyageant. Et un jour, je lui ai écrit. J'ai aimé sa réponse : « Je ne sais pas pourquoi je vous réponds, mais il y a quelque chose chez vous qui m'incite à le faire. » Une longue lettre très gentille. Il m'a envoyé son livre, *Le Bénéfice de l'âge*, un livre sur l'expérience...

Vous êtes toute jeune à l'époque ?

Pas du tout. Je l'ai rencontré en 1993.

Mais à 28 ans, on est un tendron ! Et c'est rare que l'on marque les gens à ce point... Vous n'aviez pas encore toute l'épaisseur d'une vie.

Je sais juste que nous sommes amis !

Et Simone Veil ?

Simone Veil, elle est à part. Avec elle, j'ai des relations de douceur... Des conversations de femmes. Elle sait ce que sont la souffrance et la perte, et pourtant, elle n'a jamais abdiqué. Jamais elle n'a manqué à cette dignité absolue. Pour moi, elle est la sensibilité et l'humanité. Quand je l'ai rencontrée, j'ai fait attention. Je me suis dit que je ne voulais pas qu'elle me repousse. Je sentais qu'avec elle, je pourrais parler autrement, aller au-delà. Si elle n'avait pas répondu à notre relation, j'aurais été triste.

C'est arrivé comment ?

Edith Cresson était Premier ministre. Elle montait des groupes d'études et de mobilisation pour analyser et remettre en mouvement la société française. Un de ces groupes, Mieux vivre ensemble, était présidé par Simone Veil. Il fallait une « petite main » pour écrire les comptes rendus de débats. Marceau Long m'a recommandée. C'est dans ce groupe que j'ai rencontré Bernard Esambert, qui m'a beaucoup aidée, et surtout Simone Veil. On a commencé à se voir un peu. Elle est devenue ministre d'Edouard Balladur en 1993... La relation s'est nouée. Depuis, elle m'est précieuse et indispensable.

Pourquoi vous choisit-elle ?

Je n'en sais rien. Je ne sais pas. Je voulais être près d'elle, mais sans l'encombrer. Je ne veux pas encombrer les gens que j'aime.

Etre choisie par elle, c'est un honneur ?

Un honneur et un bonheur. Mais toute amitié est un honneur. C'est la seule chose qui nourrisse la vie. Quand je parle avec l'ami, je suis sûre, je suis sûre que rien ne va m'arriver, que je ne regretterai rien. Et c'est tellement rare...

C'est une confiance absolue, totale ?

Absolue. J'essaie d'être ainsi avec mes amis.

Qu'est-ce qui a manqué pour que les Français portent Simone Veil tout en haut ?

Elle-même n'est pas allée au bout de la politique. Elle a peut-être privilégié autre chose.

Vous avez un point commun ?

Lequel ?

Vous êtes toutes deux populaires. Toutes deux, à un moment, choisies par les Français...

Je ne me compare certainement pas à elle. Mais je crois que les Français apprécient le courage des gens ordinaires, qui ont dû se battre. Lors de la loi sur l'avortement, elle a incarné tout le courage et toute la dignité des femmes... Mais c'est toute sa vie, tout son parcours, qui en font une femme aimée et respectée des Français, et bien au-delà de la France.

Vous avez ressenti un décalage culturel, quand vous avez commencé à vous construire, à Paris ?

Comment cela ?

Vous arrivez à 22 ans, vous sortez de la fac de Dijon, riche de tous vos espoirs et de vos talents.

Il y a des évidences que je possédais, sans problème particulier. Ensuite, il y a la naïveté, la découverte. A Albin Chalandon, je posais énormément de questions. Et j'avais les yeux grand ouverts...

Le passage s'est fait naturellement ? Vous n'avez pas souffert d'un décalage, d'un vertige, à aller si vite, loin de vos bases...

Rencontrer des gens passionnants et s'imprégner de ce qu'ils sont, c'est plutôt positif en somme, vous ne pensez pas? Ce qui m'a travaillée, toutes ces années, c'est plutôt le sentiment de la construction permanente. J'étais heureuse dans mes nouveaux univers. Je continuais à étudier, travailler et apprendre. Je ne savais pas où cela aboutirait.

Et aujourd'hui ?

En réalité, on ne se change pas !

La tension est votre moteur...

La tension n'est certainement pas un moteur. Tous mes choix ont été réfléchis.

Vous êtes passée à côté de choses dont profitent ceux qui ont moins eu à cravacher ? Des cinémas, des sorties, des bouquins, des plaisirs, des vacances ?

J'aurais bien aimé être sportive. J'avais une amie qui faisait des claquettes. Je la regardais et je me disais : c'est génial de pouvoir faire ça. Mais je n'aurais pas eu le temps de le faire, sans même parler du talent ! C'est comme quand vous allez voir un spectacle. Je me souviens être allée voir un petit spectacle de Mozart qui s'appelait *Le Parc* en 1996 ou 1997. Je trouvais fabuleux de voir ces jeunes femmes danser avec autant de légèreté, avec autant de grâce...

Ça doit être bon, d'être légère, apaisée...

Je suis plutôt apaisée. Mais c'est la résignation qui m'est étrangère. Donc je réagis. Je ne laisse pas les choses s'installer. Je réponds aux injustices. Et je n'ai eu de cesse que de progresser. Ne pas accepter de rester en place. Ce n'est pas de l'arrivisme, mais une quête, permanente, pour aller au-delà de ce qu'on est. En réalité, il faut être très calme pour y parvenir. Si on panique à la première difficulté, on n'arrive à rien.

Vous étiez votre propre projet. Devenir un être humain accompli, aller au-delà de ce qui était écrit...

C'est le projet de tout un chacun. Même les héritiers veulent s'accomplir, devenir eux-mêmes et plus seulement des ayants droit !

Tout le monde n'a pas la même énergie vitale...

J'ai eu la chance de réussir des études. Mais je n'en tire aucune supériorité morale, aucune arrogance. Mes cousines mariées jeunes, mères de famille, m'apportent énormément, par leur tendresse, par leur analyse de la vie, par leur intuition, par leur sensibilité. Maman m'a tout donné, et ne savait pas lire. Mais elle savait la vie, mieux que je ne la saurais peut-être jamais. Mon accomplissement est autre : venant d'où je venais, les études, mon parcours, m'ont donné les moyens d'être libre. C'est cela, l'objectif : être libre et autonome.

Mais on dépend toujours des autres... Vous dépendiez aussi des gens qui vous aidaient et vous reconnaissaient.

La contradiction n'est qu'apparente. Dans ma conception de l'amitié, la loyauté est primordiale. Qu'il s'agisse d'Albin Chalandon, de Jean-Luc Lagardère, de Simone Veil, l'idée de ne pas trahir, de ne pas décevoir, d'être digne de notre relation, a toujours été présente.

Si on m'aidait professionnellement, je devais être au niveau.

Vous n'avez jamais été en situation, non pas de trahir, mais de ne pas pouvoir rendre à vos amis ce qu'ils méritaient? Parce que votre vie, vos choix, étaient contradictoires avec vos intérêts?

Une fois, j'ai eu l'impression de laisser tomber une de ces personnes que j'aime – mais ce n'était pas dans les termes dramatiques que vous posez! Albin Chalandon possédait une entreprise textile dans l'Aisne. Il y avait eu une anomalie comptable que j'avais découverte... Après cela, Albin Chalandon a voulu me confier la direction de son entreprise...

Vous deveniez patronne, dans l'industrie!

J'ai hésité. Mais j'ai refusé. Je voulais encore étudier et je ne souhaitais pas quitter Paris. J'ai terriblement culpabilisé. Je me disais, « l'homme qui m'a tout donné, je suis en train de lui dire non »...

Et lui ?

C'est un homme d'une finesse hors norme. Il a parfaitement compris et n'a pas insisté.

Aujourd'hui, ne dépendez-vous pas trop de Nicolas Sarkozy ?

Pourquoi trop ? N'importe quel ministre est soumis à la décision du Président. Il est curieux que vous m'interrogiez là-dessus...

Mais votre image est celle de la ministre amie du Président, amie de son épouse, donc plus protégée, donc plus dépendante que d'autres...

Mais Brice Hortefeux est, depuis toujours, l'ami de Nicolas Sarkozy ! Il n'en est pas moins ministre et vous n'iriez pas mettre cela en doute !

Une question d'image sans doute. Les photos de vacances sur le bateau américain, au fond, ne sont pas bonnes pour vous...

Pourquoi ça ?

Parce qu'elles illustrent votre dépendance. Votre absence d'autonomie!

Ça n'a aucun sens. Je vais vous dire : la vie est assez compliquée en général, assez contraignante, et les bonheurs sont assez rares pour ne pas en rajouter avec des suppositions... Pourquoi devrais-je renoncer à quelques jours d'évasion en été avec des personnes que j'aime et que j'apprécie ? Parce que la presse risque de me critiquer ? Parce que vous trouvez que ce n'est pas habile ? Je ne calcule pas ce genre de choses.

Parce que vous, qui placez la liberté si haut, apparaissez comme dépendante. Vous y perdez votre autonomie médiatique...

Franchement, ce n'est pas sérieux... Croyez-moi, le Président de la République sait faire la part des choses entre ce qui relève du privé et ce qui relève du professionnel. Faites simple au lieu de théoriser !

Et si un jour il y a un vrai différend de fond ?

Sur un sujet précis ? C'est possible, c'est la vie. Mais il n'y aura ni mensonge, ni trahison.

On ne se choisit pas par hasard. Et j'ai choisi de travailler pour cet homme. Je suis allée le voir. Je lui ai dit que je voulais travailler avec lui – et, à ce moment, il n'était pas acquis qu'il devienne Président! Et lui a choisi de me faire confiance, et je fais en sorte qu'il ne le regrette pas. Mais les libertés s'additionnent, elles ne se brident pas.

La construction de votre liberté vous a pris vingt ans...

La liberté se construit toujours. Si on croit que tout a été simple, on se trompe. Chaque diplôme, chaque avancée, chaque travail, a été une conquête. Et ma vie même a été une bataille. Je l'ai toujours su.

Une bataille pour réussir?

Une bataille pour vivre. Pour avancer sans couper les fils. Pour devenir une femme, pour étudier, pour travailler. Etre digne de mes amis et de leur confiance. Ne pas s'arrêter aux conventions sociales. Et, en arrière-plan, ma famille était toujours présente...

*Votre frère a eu ses premiers problèmes
quand vous étiez à Paris.*

Cela a frappé toute notre famille de plein
fouet. Mon père, dans sa dureté ; ma mère,
dans sa détresse... Et moi, j'entendais ça, de
loin, je revenais le week-end. A Paris, je n'en
parlais pas. Je menais ma vie, pendant que ma
famille se débattait.

Sans rien dire, jamais ?

Je vous l'ai dit : je ne voulais pas imposer
mes difficultés aux autres. Ça ne servait à rien.
Parfois, quand ça allait trop mal avec mon
frère, je venais aider maman, je faisais un
aller-retour dans la journée à Chalon... Je me
souviens d'un week-end où j'étais allée à la
maison. Mon frère était en pleine crise. Nous
avions dû le faire hospitaliser d'urgence, après
l'avoir cherché toute la nuit... Je suis rentrée à
Paris. Le lundi matin, je devais prendre un
petit déjeuner avec Marceau Long, au Conseil
d'Etat. Il était à mille lieues d'imaginer...
« Comment allez-vous ? Qu'avez-vous fait ce
week-end ? » Et moi : « J'étais à Chalon, en
famille. » Et lui, innocemment : « Ah, la fa-

mille, c'est fantastique. C'est une force d'avoir une grande famille, comme vous ! » J'ai acquiescé.

Comment fait-on pour ne pas exploser ?

On n'explose pas. On accumule, on évacue. On tient tous les fronts, un par un. Le travail. Les études. La famille. On cloisonne.

Et on est très seul ?

On a des amis. Mais oui, on est assez seul... J'ai souvent eu l'impression que j'étais engagée dans des batailles qui n'auraient jamais de fin.

C'est pour cela que vous avez cédé, une fois ?

Cédé ?

Votre mariage imposé. C'était une abdication ? Une fragilité soudaine ?

La fragilité, c'est un cliché qui ne correspond à aucune réalité. Et ce n'était pas un mariage « imposé », « forcé ». Une aberration sans doute, mais consentie.

Une concession à la famille ?

Je ne sais pas ce que c'était, sinon une erreur. Un moment où je me suis dit que je pouvais essayer, que...

Qu'il fallait faire une fin ? Etre un peu comme les autres ?

C'est arrivé un été. En août 1992. Nous sommes en vacances en Algérie. Un homme, un ami de la belle-famille du frère de maman, vient faire une demande en mariage. C'est l'été. Tout le monde est détendu. J'accepte, en posant une seule condition : que le mariage ne se fasse pas en Algérie mais en France. Je me suis dit que ça pourrait peut-être marcher. Qu'on ne m'ennuierait plus avec mon statut de femme célibataire...

On vous embêtait ?

Vous savez ce que c'est. Ou plutôt, vous ne savez pas ! Ce sont des discussions ; des pressions récurrentes ; l'environnement. Les gens qui interrogent mes parents, à Chalon. Une atmosphère... L'envie qui vous prend de céder, de laisser aller, de faire plaisir... Je me dis qu'après tout, être mariée me donnera un statut, et je serai d'autant plus libre de me construire. C'était un contexte familial, un peu festif, cet été-là... On a publié les bans, et le mariage a eu lieu... C'est là que j'ai compris que ça n'allait pas. Pas du tout. Je montais les marches de la mairie, et je réalisais que ce que j'accomplissais, ce n'était pas ma vie. Ce n'était pas moi...

Seulement là ? Je ne juge rien, mais cela ne ressemble pas à votre vie, ce laisser-aller... Puis cette lucidité tardive...

J'ai cru que je contrôlais encore la situation. Quand je l'ai rencontré, j'ai pensé qu'il n'entraverait pas ma liberté, qu'il ne se mettrait pas en travers de ma vie... Qu'il se tiendrait à sa place, comme je me tenais à la mienne. Mais ce n'était pas possible.

Vous en étiez où, à l'époque ?

J'étais salariée de Matra, et j'étudiais à l'ISA.

Il vous a demandé d'arrêter vos études ?

Non, il essayait de savoir ce que je faisais, pourquoi je le faisais. Il commençait à dire : « On va s'installer à Paris ensemble. » Et je n'imaginais pas cela. Je ne le voyais pas du tout dans mon paysage.

Mais quand on se marie ?

Je sais. Mais j'ai compris que ce n'était pas possible. Il était en trop. Je me suis dit non, ça ne va pas. Il va me restreindre. Il va me freiner. Je ne l'aime pas, je ne pourrai pas construire avec lui. Je ne suis pas en confiance. Je n'avais rien à partager avec lui, et je ne voulais surtout pas qu'il partage ce que j'étais...

Mais pourquoi avoir accepté ?

Je n'en sais rien. Parfois, je me le demande. Pour une somme de mauvaises raisons qui n'en faisaient pas une seule bonne. Maman me disait, « regarde comment tu es avec moi, toi aussi tu auras des enfants »... J'avais envie de faire plaisir aux miens.

Vous réalisez tout cela juste avant le mariage ?

Quand il arrive en France, en septembre. Il s'installe chez mes parents. Moi, je fais des allers-retours. Graduellement, je réalise que ça ne va pas. Nous n'avons pas de point commun. Pas d'intérêt commun. Je sais que nous allons être malheureux ensemble. Que je ne me forcerai pas à rester avec quelqu'un à qui je n'ai rien à dire – rien de profond, rien d'essentiel... Nous allons être deux étrangers, je consacrerai mon énergie à le combattre... Je vois tout cela...

Mais le mariage se fait quand même.

C'était lancé. Le mariage a eu lieu.

Un vrai mariage, avec la fête, et des amis ?

J'ai fait venir deux amis qui étudiaient avec moi. Ils ont bien compris que tout n'était pas très simple. Ça se voyait à ma tête, à ce que je dégageais. J'étais en train de me marier, et je me sentais me noyer... Le lendemain du mariage, j'ai réalisé que c'était non. Impossible. Que je ne commencerais même pas ma vie de femme mariée. Ça n'allait pas arriver. J'ai fait des allers-retours. J'ai prévenu les miens et cet époux. J'ai commencé à déprimer. J'ai décidé que j'allais effacer cela. Dès le mois de décembre, je suis allée au tribunal.

Et vous dites : « Je viens de me marier, c'est une erreur »...

On ne pouvait rien faire, m'explique-t-on. Je suis allée au civil. J'ai été déboutée. Je me suis lancée dans cette bataille comme on essaie de survivre. Je n'arrivais pas à faire annuler le mariage. Il ne voulait pas divorcer. Ça a été terrible. Mais j'ai persévéré jusqu'à obtenir l'annulation.

Pour lui aussi... Se marier, et être aussitôt rejeté...

Evidemment, ce n'était pas agréable pour lui. Evidemment, c'était dur. Mais je ne pouvais pas faire autrement. J'avais consenti à une cérémonie contre nature, contre moi-même. Je voulais que cela n'ait jamais existé.

Il était toujours chez vos parents ?

Oui, j'avais une pression terrible. Après la cérémonie, j'étais restée quelques jours à Chalon pour essayer de le convaincre d'accepter une séparation. Là, j'ai manqué un séminaire à l'ISA, que le professeur responsable n'a pas voulu valider. J'ai eu beau lui expliquer, il n'a rien voulu entendre. La gravité de ma situation lui était totalement étrangère. En réalité, ce que je vivais l'indisposait... De ce jour-là, ce professeur a mis une distance presque physique entre nous. Il m'évitait. Quand je pense que j'avais passé seize mois dans cette école, que j'avais tellement investi et que j'avais jusque-là validé tous mes modules...

Comment avez-vous réagi à cette injustice ?

J'ai été blessée, indignée. Des élèves m'ont soutenue. Mais que voulez-vous, j'avais d'autres urgences. J'ai fini par quitter la France. C'est à ce moment-là que je suis allée à Londres, à la BERD, grâce à Jacques Attali. Je lui en serai éternellement reconnaissante.

Comment ont réagi vos parents ?

Maman a été immédiatement de mon côté. Mais pour mes parents, ce n'était pas facile. Ils ont compris.

Vous avez eu peur ?

J'avais un lien, une entrave juridique, quelque chose dont je ne voulais pas.

C'est un juge qui vous a rendu la liberté...

Je n'en ai vraiment pas profité. J'ai obtenu l'annulation de mon mariage en 1995. Mais quelques jours plus tard, j'ai appris que maman était gravement malade. Je me souviens avoir été saisie d'effroi. Je ne voulais pas qu'elle parte. C'était impossible. Nous l'avons soignée. Elle est partie en 2001...

Vous avez réussi à la retenir six ans ?

C'est elle qui est restée avec nous six ans.

Elle s'est battue ?

Cela n'a pas été de l'acharnement. Elle a bien vécu. Elle n'a pas souffert. Il n'y avait pas de douleur. Elle a continué à vivre, elle a marié ses enfants. Elle a voyagé. Il y a eu quelques moments de fatigue mais pas de douleur.

Elle habitait chez vous ?

Elle est restée chez elle, avec papa. Elle venait à Paris pour des soins. Là, elle habitait chez moi. On allait faire des courses. On allait acheter du tissu. On allait partout dans Paris. Elle me disait : « Je suis passée tout à l'heure, j'ai vu une boutique, il faut y retourner », et on partait en bus. Quand elle voyait une vitrine qui lui plaisait, elle me faisait descendre. Quelquefois, elle était happée par des panneaux de réclame : il y avait marqué – 30 % ou – 20 % sur des boutiques. Elle me disait : « Viens, on descend, là, tout est à 30 francs ! » Je disais : « Non, ce sont des pourcentages. » Elle ne me croyait pas. Elle ne savait pas lire – ça m'a arrangée, à cette époque, qu'elle ne puisse pas lire elle-même les rapports médicaux. On a passé du temps ensemble, comme ça. De longues journées qui ne reviendront pas.

Physiquement, elle est restée la même jusqu'au bout ?

Jusqu'au bout.

Elle ne s'est pas amaigrie ?

Non... Elle était fatiguée parfois. J'ai entrepris de la protéger. Mon père venait de prendre sa retraite. Ils avaient des projets ensemble, voyager, construire, découvrir. Ils n'ont pas pu profiter de cette vie-là...

Vous avez peur pour votre père, maintenant ?

Je fais en sorte de ne pas trop l'éloigner de moi. Nous nous organisons avec mes frères et sœurs. Il n'est jamais totalement seul. Quand maman est partie, il s'est effondré. Il ne voulait plus rien. Ensuite, il a mis du temps pour accepter cela. La solitude. Qu'il n'y ait plus de bruit dans la maison, plus jamais ses bruits, ses rires... Il vit, mais il se survit...

Et vous ?

Qu'elle soit partie si tôt, j'ai ressenti cela comme une punition. J'ai été punie. Privée de ma source. J'accepte le principe de la mort. Je l'accepte. Mais on aurait pu me la laisser encore un peu... Après, je n'ai plus voulu regarder ses photographies. C'était une déchirure, comme au rasoir... Elle vit en moi. Parfois, je me dis qu'elle me regarde... Je lève les yeux au ciel : « Elle doit me voir de là où elle est. » Est-ce que c'est un moyen de survivre à son décès ? Parfois, je m'en veux de n'avoir pas su deviner qu'elle tombait malade. Parfois, je regrette qu'elle n'ait pas pu voir comment je vis aujourd'hui. Parfois, je suis triste de ne pas l'avoir plus vue, quand elle était là, de ne pas avoir passé plus de temps avec elle... je me souviens. On se téléphonait, sans avoir rien à se dire. Juste faire le numéro, elle décrochait. « Allô ? Tu es là ? Ça va ? Tu fais quelque chose ? Tu ne fais rien ? On se rappelle plus tard. » Juste entendre le son de sa voix... Quand elle a été proche de mourir, elle m'a beaucoup parlé. De ses enfants, de ses deux sœurs, veuves, qui vivaient en Algérie. Et de mon père : je devais prendre soin de lui.

Votre position dans la famille a changé après la mort de votre maman?

Mon père reste le père, l'autorité, et nous n'avons pas été élevés pour changer cela. Même si je suis celle qui le conteste. Mais la vie a fait que j'ai été plus au cœur, au centre. Celle qui donne des conseils, qui aide... Ou qui critique. J'ai toujours été un peu à part parmi mes frères et sœurs. Quand ils avaient des décisions à prendre, pour leurs études, leur formation, je me battais, parce que je pensais savoir ce qu'il y avait de meilleur pour eux.

A vous occuper de la famille, vous avez mis votre vie en pointillé...

A tout mener de front, études, travail, construction, et la famille en plus, on se coupe d'une partie de la vie. C'est ainsi.

Comment vous est venue l'idée de devenir magistrat?

Par hasard, et par conseil. On pouvait intégrer l'Ecole de la magistrature sur titres et sur dossiers. Je me suis dit, pourquoi pas? La profession m'attirait... Ensuite, Marceau Long et Simone Veil m'ont beaucoup encouragée. Pour Marceau Long, ma réussite était une preuve de la République, et il fallait aller au bout de cette logique : m'intégrer dans la haute fonction publique ! Un moment, il avait décidé que je ferai l'ENA. Il avait même demandé à des membres du Conseil d'Etat de m'aider à préparer le concours. J'adorais l'un d'eux, Guy Braibant : une sommité en droit administratif. Parfois j'avais l'impression d'être plus âgée que lui tellement il était ouvert, curieux... Toujours à l'affût de la moindre chose, lisant beaucoup, me posant des questions... Je passais beaucoup de temps avec lui.

Mais vous n'êtes pas devenue énarque...

Quand l'idée de la magistrature m'est entrée dans la tête, elle n'en est plus sortie. C'était aussi le service de l'Etat et de la société. Et quelque chose de fondamentalement humain, aussi, qui m'attirait. J'ai eu envie de cette profession, profondément. Lutter contre les injustices avec le droit...

Vous êtes entrée à l'Ecole de la magistrature, appuyée par tant de personnalités majeures...

J'avais de vrais soutiens. Mais mon parcours a été parfaitement normal, et pas si évident. J'ai passé deux entretiens, comme il se doit. L'un avec le secrétaire général du tribunal du lieu où j'habitais, l'autre avec le secrétaire général de la Cour d'appel de Versailles. Le premier s'est bien passé. Le deuxième n'a pas été un tel succès !

Commençons par le bon entretien...

C'était avec Madame Caillibotte, secrétaire générale du Tribunal de grande instance de Nanterre. D'emblée, cet entretien n'a rien eu de conventionnel. J'ai été sincère avec elle : « Dites-moi, si personnellement, humainement, et professionnellement, je vais convenir à ce métier et si ce métier va me convenir. » Nous sommes restées une heure à parler, comme si nous nous connaissions. Elle m'a encouragée : « Je vais mettre un avis favorable. La magistrature a besoin de gens comme vous »... Avec le secrétaire général de la Cour d'appel de Versailles, l'échange a été moins riche.

Que s'est-il passé?

Manifestement, mes motivations ne l'intéressaient pas vraiment. Je n'ai pas réussi à comprendre ce qui n'allait pas. L'entretien a été très court.

Il me disait aussi que je ne gagnerais pas beaucoup d'argent... Bref, il n'a pas fait grand-chose pour que je devienne magistrat. Mais j'ai pourtant été intégrée.

Cela dit, il n'avait pas tort. Financièrement et socialement, être magistrat n'a rien de mirobolant. Votre carnet d'adresses vous appelait à mieux?

Tout dépend de votre moteur. L'argent n'est pas mon ressort. En revanche, la passion, la responsabilité et la décision, oui! Etre magistrat correspondait à tout cela. Je n'ai pas été déçue. L'équilibre entre les dossiers individuels et la norme du droit, la passion de la loi et le goût des autres, de la pâte humaine, la liberté d'enquêter, les liens de travail avec la police, la gendarmerie. Je le dis toujours : aide-soignante et magistrat sont les plus beaux métiers que j'ai exercés.

Parce qu'on touche à l'humain ?

Parce qu'on touche à des personnes et qu'on essaie d'agir pour améliorer leur vie. Parfois, c'est dur. Quelqu'un qui n'est pas curable, c'est dur, et quelqu'un qu'on condamne, c'est traumatisant. Et quand vous êtes face à des parents qui ont perdu leur enfant, c'est un drame. J'ai aimé cette profession pour cette prise permanente avec le réel.

En avez-vous voulu à ce magistrat qui aurait pu vous bloquer ?

Je n'en ai jamais voulu à personne, de toute ma vie. J'ai toujours considéré que j'étais responsable de moi-même et j'ai toujours assumé ce qui m'arrivait. Mais il ne faut pas prendre à la légère les responsabilités qu'on a envers les autres. Les mots ne sont jamais innocents.

Vous appliquez ça à vous-même ?

J'essaie. Je lis parfois que je suis cassante et que je blesse les gens. Je ne crois pas être cassante. Mais je dis les choses telles que je les vois, en l'assumant. Je ne fais pas semblant.

Vous avez la réputation...

Merci, je lis les journaux !

Rachida Dati la terrible, qui terrorise ses collaborateurs...

Honnêtement, si j'étais quelqu'un qui terrorise les autres, je n'aurais pas accompli le même parcours. Il ne faut jamais être méprisant, arrogant, ou cassant. Ça ne veut pas dire qu'il faille enterrer sa fierté, étouffer sa dignité. Il ne faut jamais abuser d'une position ou d'un statut. Bien au contraire. J'ai toujours essayé, dans mon environnement personnel ou professionnel, d'aider des personnes qui me demandaient un conseil, dans des cas de divorce, de pensions alimentaires, d'expulsions, ou de surendettement...

178

On a écrit que vous étiez dure envers vos collaborateurs. La démission de votre directeur de cabinet Michel Dobkine a beaucoup été commentée...

Il ne s'agissait pas d'une démission. C'est moi qui lui ai demandé de quitter le cabinet. Je ne vois pas ce qu'il y a de choquant. Des collaborateurs de ministres qui sont remplacés, cela arrive tous les jours. Michel Dobkine est certainement estimable, mais il n'était pas sur mon rythme de travail. Le projet de loi sur la récidive entrait en discussion au Sénat – le premier projet de loi judiciaire du quinquennat, et pas un texte anodin. La veille de ce débat, mon dossier n'était pas prêt! Heureusement que je connaissais le sujet et les dispositions de ce texte. Nous avons travaillé à mon discours une nuit, avec le directeur adjoint de cabinet et un de mes amis.

Abandon de poste devant l'ennemi?

Ça n'a rien de comique! Quand une loi se met en marche, elle représente des engagements politiques fondamentaux, pris devant le peuple français; des heures de travail du ministère, de conseillers, de politiques, de parlementaires... Il n'y a aucune excuse, quand on est directeur de cabinet, à ne pas suivre ces travaux en temps réel. Etre directeur de cabinet, c'est un engagement total, au service des Français. Personne ne l'avait contraint. Des conseillers de mon cabinet et des directeurs du ministère se plaignaient de ne pas pouvoir le rencontrer plus souvent. Je le défendais. Jusqu'à ce débat parlementaire où l'accumulation des dysfonctionnements m'a forcée à réagir. Je me suis séparée de Michel Dobkine le lendemain de la première lecture au Sénat.

Vous aviez mal choisi votre principal collaborateur...

On ne m'en avait dit que du bien. Il est très intelligent et d'excellente réputation. Mais manifestement, il n'était pas fait pour ce poste.

Et les autres ? Les autres membres de cabinet qui sont partis, dans ce feuilleton de l'été ?

Les autres ? Après le départ de Michel Dobkine, le cabinet a été réorganisé. C'est la logique même. J'ai été surprise par l'impact médiatique de ce départ. Quand Michel Dobkine a quitté le cabinet, la nouvelle a été mise au même niveau que le sort des infirmières bulgares ! Cette insistance à conter les malheurs imaginaires des membres de mon cabinet est directement liée à la volonté...

... de vous nuire ?

De m'affaiblir. Peut-être de saper la confiance de l'opinion.

Vous le croyez ?

Je m'interroge. Mais cela, plus les incursions dans ma vie privée, plus les projecteurs sur mon frère, plus certains commentaires condescendants... La seule réponse est dans le travail !

Quand on vous conteste, et aussi dans la magistrature, ce n'est pas un complot ?

Dans la magistrature ? Ce n'est pas vrai. Toutes les semaines, je me rends dans les juridictions. Je rencontre les magistrats, les greffiers, les fonctionnaires du ministère de la

Justice. Je ne leur fais pas de discours. Ce sont des débats que nous avons. Et vous seriez surpris de la qualité et du respect de ces échanges. Nous parlons du fonctionnement concret de la justice, de leurs attentes, de leur passion. Voilà la réalité de ce ministère et de ce que j'essaie d'y accomplir. Cela peut provoquer des réticences, mais uniquement chez ceux qui se sentent bousculés ou menacés dans leurs habitudes ou leurs forteresses.

Si on vous attaque, c'est que vous voulez faire changer les choses ? C'est l'argument de base de toutes les personnalités contestées !

On peut m'attaquer parce qu'on n'est pas d'accord avec moi, ça me paraît licite ! Quand Robert Badinter, au Sénat, ou Manuel Valls, à l'Assemblée, s'opposent au projet de loi sur la récidive, ils agissent au nom de leurs principes, et ces attaques-là, loin de me perturber, m'enrichissent, me font réfléchir...

N'y a-t-il pas un réflexe de protection contre un ministre réputé interventionniste ?

J'exerce ma responsabilité dans le respect des institutions et du droit. Je suis garante de l'indépendance des juges et j'y suis très attachée. L'indépendance du juge lorsqu'il rend une décision de justice, c'est la garantie qu'il n'y a pas de justice de classe, pas de justice de privilège, pas de justice sous influence.

Quand Nicolas Sarkozy dénonce le pouvoir des juges, devant l'université d'été du MEDEF, il ne contribue pas à conforter votre administration...

Il n'a pas parlé du pouvoir des juges.

Il a dénoncé une tentation, ce qui signifie qu'elle existe... Je le cite : « Les magistrats ne doivent pas se laisser tenter par le Gouvernement des juges, ne pas se laisser aller à devenir les arbitres de la politique et à juger de la manière dont les chefs d'entreprise font leur métier. » Ça fait quand même reprise en main...

C'est la parole d'un homme politique qui dit directement et simplement ce qu'il pense. Et cela n'a rien de choquant. C'est du débat public. Effectivement, les juges doivent juger. Et on doit les laisser juger, sans s'immiscer, sans contraindre, sans exercer de pression. Et juger également les chefs d'entreprise, et punir les abus de biens sociaux, j'anticipe votre question! Le Président de la République n'a jamais remis cela en cause d'aucune manière.

Mais quand il dit cela devant des patrons, après leur avoir expliqué qu'on ne prendrait plus en compte les dénonciations anonymes, quand il leur explique que les sanctions pénales ne s'additionneront plus aux sanctions commerciales... Ça fait justice de classe, non?

Si on fonctionne sur les fantasmes, on peut tout penser. Mais c'est faux. Il n'y a pas et il n'y aura pas de justice de classe. Il y a la loi, des principes, les mêmes pour tous. Parmi ces principes, il y a effectivement le refus des dénonciations anonymes, et celui de la double peine. Quoi de choquant? Il n'est pas question de dépénaliser le droit des affaires dans son ensemble. On ne va pas cesser de poursuivre pénalement les auteurs d'abus de biens sociaux. Mais nous voulons tout remettre à plat.

Il est des cas où le cumul des sanctions n'a pas de sens.

Par exemple ?

Les infractions relatives aux formalités de constitution des sociétés. Le fait de ne pas tenir l'assemblée générale d'une SA ou d'une SARL au moins une fois par an, et dans les six mois suivant la clôture de l'exercice...

Vous qui aimez Ken Loach... Vous n'avez pas peur d'être la ministre de la Justice dont la politique fera pleuvoir des pierres sur la tête des gens qui n'y arrivent pas ? Le patron ne va pas en correctionnelle, mais le récidiviste d'en bas, il tombe...

Non et non. Nous sommes dans une société de responsabilité individuelle. Et si quiconque commet une infraction, il doit être et sera poursuivi, « patron » ou non. Quant à la lutte contre la récidive, elle protège la société, toute la société, à commencer les citoyens les plus faibles, les plus exposés à la violence. Gagner ce combat-là, c'est redonner un sens au mot justice. On envoie aussi un message clair aux récidivistes. La fermeté envers eux ne signifie pas le bannissement. Nous ferons en sorte que la sanction, lourde, qui frappera ceux qui n'auront pas entendu les avertissements précédents, sera accompagnée d'une prise en charge réelle, d'une possibilité de se reprendre et de se réhabiliter.

Et quand des mineurs vont en prison ?

Il faut savoir de quoi on parle et à quelle perte des valeurs communes nous sommes confrontés. Je ne peux pas admettre qu'un jeune, que je rencontre dans un centre éducatif fermé, qui a déjà fait un an de détention, pour deux tentatives de meurtre, me dise : « J'ai juste fait des conneries. Je n'ai pas commis de crime parce que je n'ai tué personne. » Ce n'est pas possible que des gamins de 15 ans soient ainsi au-delà de la réalité. Dans la lutte contre la récidive, il y a aussi une pédagogie globale...

La justice est garante du vivre-ensemble ?

Sans la justice, il n'y a pas de société viable. On ne peut pas laisser à l'abandon une société qui a peur. Plus on encadrera la délinquance et mieux nous vivrons ensemble. Et c'est comme cela qu'on évitera la justice à plusieurs vitesses, qui risquerait de laisser de côté les plus démunis.

Vous voulez bouleverser votre administration pour la mettre au niveau de cette ambition ?

Ce ministère a conscience de sa mission et de cette ambition.

Il a pris l'habitude d'être minoré... Ce n'est pas à l'ancienne conseillère de Nicolas Sarkozy, ministre de l'Intérieur, que je vais rappeler que la Place Beauvau avait pris l'ascendant sur la Place Vendôme, et à quel point...

Nicolas Sarkozy a rendu le ministère de l'Intérieur aux Français. Il faut maintenant réconcilier les citoyens avec leur justice. Le défi est motivant. C'est pour y répondre que je vais au contact de ceux qui font la justice au quotidien. Partout en France, dans les juridictions, des magistrats, des fonctionnaires, des éducateurs, mettent en place des dispositifs innovants. Souvent, rien ne remonte au sommet. J'ai décidé de valoriser et de faire connaître ces expérimentations.

Au fond, ce ministère est mal connu des Français ?

Le ministère de la Justice, ce n'est pas seulement des tribunaux mais aussi une administration centrale, la Chancellerie, de très grande qualité, et des magistrats, des éducateurs, des personnels de l'administration pénitentiaires... Au total, ce sont 72 023 personnes au service de la Justice et des Français... Je respecte et j'admire tous les agents de la justice, de la même manière, tant ils se confrontent avec des réalités sociales difficiles. Les réformes que je veux mettre en place sont de deux ordres : rendre confiance en la justice mais également la moderniser pour la rendre plus efficace, plus lisible et plus rapide. Une décision de justice illisible ou incompréhensible, c'est une forme d'injustice ! Cela passe également par la réforme de la gestion des carrières des magistrats et des greffiers. Le 1er août dernier, j'ai créé un service des ressources humaines pour valoriser leurs talents et leurs compétences. C'est une première avancée pour la qualité de la justice.

Paris va se mêler des nominations en empiétant sur l'indépendance des juges ?

L'indépendance des juges – l'indépendance des magistrats du siège quand ils rendent une décision – n'a rien à voir avec ça. Il s'agit de permettre à des personnes de s'épanouir, pour le plus grand bien de la justice. Un magistrat en poste dans une juridiction est évalué au niveau local par son supérieur hiérarchique. Il est souvent difficile, dans ce cadre-là, d'exprimer une envie de changement, qu'elle soit géographique ou fonctionnelle, alors même que la gestion des mouvements et des mutations se fait à Paris, au ministère, sur la base de dossiers. Il est important que des magistrats qui veulent exprimer des ambitions, voire même des doutes sur leur fonction, puissent être reçus, entendus et orientés ! Chaque magistrat a des envies, des qualités propres, des compétences. Certains ont le goût de l'administration et de la théorie juridique. D'autres ont le goût du terrain. Par exemple, lorsque j'étais magistrat, j'avais besoin d'être au contact du justiciable. J'aimais le quotidien, la rencontre du droit et des situations particulières. La qualité de la justice rendue sera d'autant meilleure que les magistrats seront heureux dans leur carrière. C'est pourquoi j'ai souhaité organiser des réunions pour préparer des propositions de nominations. On m'a fait remarquer que, jusque-là, ces réunions n'existaient pas.

Mais le Conseil supérieur de la magistrature a des prérogatives et une indépendance?

Mais il ne peut pas être une machine d'enregistrement automatique. C'est aussi notre responsabilité – aussi bien au CSM qu'au ministre de la Justice – de nommer les meilleurs, et d'aider ceux qui, spontanément, ne postulent pas à certaines fonctions.

La Justice à l'ère de l'efficacité manageriale?

Mais l'inefficacité, au final, c'est le justiciable qui en pâtit! Depuis une loi de 2001, un procureur général ne peut pas rester dans le même ressort plus de sept ans. Pour des raisons d'efficacité et de sérénité de la justice rendue et de renouvellement de la haute magistrature. Mais il reste encore des procureurs généraux, nommés avant cette loi de 2001, qui sont dans la même Cour d'appel depuis plus de dix ans, parfois près de quinze ! De telles situations ne sont bonnes pour personne. La mobilité est nécessaire à la bonne administration de la justice. Et, je le rappelle, cette mobilité est inscrite dans le statut des hauts magistrats. Ce que je suis en train de faire, à travers la réforme de la formation des magistrats, le service des ressources humaines, la promotion de la parité, c'est permettre à de nouveaux talents de prendre des responsabilités et de moderniser la justice.

Le renouvellement passe-t-il aussi par les femmes ?

Le corps de la magistrature est déjà féminisé à 56 %. Hélas, cela ne se remarque guère à son sommet : 2 femmes procureur général sur 35, 4 femmes premier président de Cour d'appel sur 35, c'est peu...

Quand vous étiez en poste, avez-vous eu le sentiment d'une maison à réformer ?

J'ai été un peu déçue par l'Ecole nationale de la magistrature, à Bordeaux. Pour moi, c'était une école d'application, trop technique. Ça ne retire rien aux qualités personnelles des enseignants, c'est peut-être une conception à revoir. Le nouveau directeur de l'ENM que j'ai nommé en septembre y travaille. Ensuite, dans les juridictions où j'ai été en stage, puis où j'ai exercé, je me suis concentrée sur tous les aspects du métier de magistrat. J'ai constaté des conservatismes, mais j'ai aussi rencontré des hommes et des femmes passionnants et passionnés par la justice, et ouverts aux autres.

Où avez-vous été en poste ?

J'ai d'abord fait mon stage d'un an, à Bobigny.

Le si inefficace, tellement laxiste tribunal de Bobigny, comme disait Nicolas Sarkozy quand il était à l'Intérieur ?

Il n'a jamais parlé en ces termes caricaturaux. Nicolas Sarkozy a pointé des situations concernant des mineurs, à l'époque des violences urbaines de 2005, et a traduit un malaise de policiers de terrain. Mais il n'a jamais condamné en bloc un tribunal. C'est aussi la mission du politique de mettre le doigt là où ça fait mal. S'il ne le fait pas, les citoyens se sentent abandonnés, et personne n'y gagne... Là, il y a eu débat.

Mais sur le fond, puisque vous y étiez, y a-t-il un problème Bobigny ?

C'est une juridiction extrêmement importante. S'agissant des mineurs, le premier tribunal de France. C'est un tribunal passionnant. J'ai énormément appris là-bas. Un magistrat stagiaire tourne dans toutes les fonctions. Je me suis imprégnée de cette vie. Le Parquet m'a passionnée. La mise en place des contrats locaux de sécurité également – on était à leurs débuts, et j'ai pu aller aux réunions de mise en œuvre. J'ai gardé un excellent souvenir de Bobigny. J'ai été heureuse de faire mon premier discours de ministre là-bas.

Après Bobigny ?

Je suis allée à Péronne. J'étais juge-commissaire aux procédures collectives, c'est-à-dire en charge des entreprises en difficulté. Mais j'ai été également juge aux affaires familiales, juge de l'application des peines et juge correctionnel. Et il m'est arrivé de faire l'intérim d'une juge d'instruction. C'était une petite structure. Entre magistrats, nous nous parlions beaucoup. Cela compensait la solitude qui est souvent celle du juge.

Et après Péronne ?

Evry, cette fois au Parquet. J'étais substitut à la section financière.

De tous ces métiers judiciaires, lequel avez-vous le plus aimé ?

Tous. Vous appliquez le droit, vous rendez la justice, vous analysez des situations individuelles... Tout m'a plu.

Quel genre de magistrat étiez-vous ? Répressive ou laxiste ?

Cela ne veut absolument rien dire. Un magistrat applique le droit en fonction des faits, des circonstances et de la personnalité de l'auteur. Lorsqu'on rend une décision de justice, il est important qu'elle soit compréhensible pour la victime comme pour le condamné. J'ai toujours été attentive, quand une décision était rendue, à ce qu'elle soit comprise par toutes les parties.

Vous avez aimé être juge...

Oui...

Pourtant, vous n'êtes pas restée... Pourquoi être partie en cabinet ministériel?

Parce que c'était Nicolas Sarkozy. Ça serait déjà une bonne réponse! Mais quand je l'ai abordé, je ne pensais pas que ma vie prendrait ce tour. J'ai eu envie d'avoir cette expérience de cabinet. J'avais eu une petite expérience quelques années plus tôt, mais trop courte : j'avais collaboré, comme juriste, avec le cabinet de François Bayrou, alors ministre de l'Education. On travaillait sur l'application de la circulaire sur la laïcité. Mais ça n'avait été qu'un avant-goût. Là, je voulais vraiment vivre la vie d'un cabinet ministériel, avant de revenir à la magistrature, après une parenthèse enrichissante... Le statut de magistrat permet ces allers-retours. Dans ma tête, il était acquis que j'étais magistrat, et que je le resterais. Je pouvais donc mettre ma compétence au service d'autres administrations ou d'autres fonctions...

Cela s'est fait comment?

Comme souvent dans ma vie. Une idée, et l'envie de m'engager. J'ai été intéressée par le discours de Nicolas Sarkozy quand il est devenu ministre. Il était clair, direct sans fioritures, et surtout juste, sur la délinquance et la sécurité. Il tranchait tellement avec les autres professionnels de la politique! Je me suis dit que c'était lui, que je devais travailler pour lui...

Et vous êtes allée le lui dire!

C'est cela.

Vous le connaissiez déjà ?

Je l'avais rencontré une fois, en 1996, après la défaite d'Edouard Balladur. Je l'avais sollicité, on s'était vus dans sa mairie, à Neuilly. Mais nous ne nous sommes revus qu'en 2002.

Et votre entretien d'embauche dure combien de temps, en 2002 ?

Ce n'est pas un entretien d'embauche ! Il ne m'avait pas sollicitée pour travailler avec lui, c'est moi qui venais le voir...

C'est un entretien d'embauche, puisque vous l'embauchez comme patron ! Cela dure combien de temps ?

Dix minutes environ.

C'est injuste. Certains ont besoin de toute une vie, et vous en dix minutes ?

Certains font 53 % des suffrages, avec 85 % de participation à la Présidentielle et du premier coup, et pas les autres ! Mais sérieusement, cela se passe effectivement très vite. Je le regarde, aussi intensément que je peux, je veux lui faire passer mon envie, ma détermination. Je lui dis combien j'ai apprécié ce qu'il a dit sur l'insécurité. Je le choisis, effectivement, au sens où je lui demande de me choisir...

Et ?

Quand j'ai eu fini, il a ouvert la porte de son directeur de cabinet, Claude Guéant, et lui a dit : « Voilà, il faut trouver un moyen de travailler avec Rachida. » Ça y était.

Et c'est ainsi que vous avez intégré l'équipe gagnante...

A ceci près qu'en 2002, 2003, quand j'arrive, ce n'est pas spécialement écrit. Nicolas Sarkozy est très populaire, tant les gens apprécient qu'il prenne les problèmes à bras-le-corps, et qu'il ne nie aucune réalité... Mais dans son camp, à droite, à l'époque il ne faisait pas forcément l'unanimité. Non, ce que j'ai rejoint, c'est une équipe. Autour de lui se retrouvent des gens superbement passionnés et motivés, que Nicolas Sarkozy et Claude

Guéant encouragent à être libres, à être créatifs, à oser et à parler. Avant même la bataille électorale, c'est un vrai bonheur professionnel. En quelques années, cette équipe se soude. Elle porte concrètement sur le terrain le projet de Nicolas Sarkozy. Et nous faisons passer des projets de loi marquants.

La dream team !

Claude Guéant faisait tourner l'équipe avec un professionnalisme, une rigueur, un calme absolus et exigeants. Et la méthode Sarkozy m'a transformée. Il fallait aller vite, être précis, et oser en même temps.

La liberté de parole était totale ?

Oui, réellement.

Y compris contre lui, pour lui, en interne ?

Oui. Et notre implication, notre reconnaissance étaient sans réserve. Nicolas Sarkozy voyait ses collaborateurs, tous ses collaborateurs au moins une fois par semaine. On se déplaçait avec lui quand on avait monté un dossier. On assistait aux rendez-vous qui nous concernaient. Nous travaillions sans compter notre temps.

Quelle était votre place dans cette équipe?

J'étais conseiller technique, en charge de la prévention de la délinquance et de la cohésion. J'ai rédigé le texte du projet de loi sur la prévention de la délinquance.

On ne vous demande rien d'autre?

Quoi?

Immigration, intégration, banlieues?

Certaines personnes, au cabinet, étaient tentées de me donner un peu systématiquement les dossiers touchant aux quartiers difficiles. On ne voyait pas très bien qui j'étais. Je me souviens d'un collègue qui s'interrogeait: « Cette fille est bizarre. Elle connaît plein de monde. » Certains reconnaissaient ma compétence. Mais d'autres m'imaginaient simplement comme un « plus » pour l'image du ministre.

Ils vous prenaient pour un gadget ?

Quand j'essayais d'avoir des interventions techniques sur du fond ou sur des aspects de procédure, certains n'écoutaient même pas ce que je disais. Ils se levaient en pleine discussion, marmonnaient qu'ils n'avaient pas le temps, que le ministre ne serait pas intéressé... Et puis, cela s'est dissipé. Quand je me suis installée, quand j'ai été écoutée. Ceux qui pensaient que j'étais là par hasard ont accepté ma présence et ma compétence.

Vous avez géré la crise des sans-papiers et sans-logis de Cachan.

C'était un drame humain. Il était important de s'en saisir. J'ai été aidée par Dominique Sopo, le président de SOS-Racisme, et par Pierre Henry, le directeur de France Terre d'asile.

Cachan a été vu comme l'exemple même de la dureté de Nicolas Sarkozy, face à des familles sans défense...

Pas par ceux qui connaissaient le dossier et qui étaient présents au quotidien. Certaines associations poussaient les squatteurs à refuser tout compromis. Je sais bien que ce n'est pas ainsi que l'on a présenté l'affaire : c'était le pouvoir contre des enfants innocents confinés dans un gymnase insalubre. Mais c'est nous qui voulions sortir les gens du gymnase, quand leurs supposés amis les maintenaient dans des conditions épouvantables.

A l'arrivée, la plupart des squatteurs de Cachan n'ont pas été expulsés de France, comme on le redoutait ?

Nicolas Sarkozy m'a fait toute confiance sur ce dossier humain. Cachan, c'est l'exemple même de l'escroquerie aux bons sentiments, de familles manipulées.

Vous n'avez plus quitté Nicolas Sarkozy depuis 2002 ?

Quand il est devenu ministre des Finances, je l'ai suivi. Quand il a quitté le gouvernement, j'ai travaillé au Conseil général des Hauts-de-Seine. J'étais directeur général des Marchés publics et des Affaires juridiques et des Affaires foncières et immobilières du département !

Et quand il est revenu Place Beauvau, j'ai réintégré son cabinet. Avant d'être sa porte-parole, puis sa ministre...

Au fond, vous étiez mûre pour la politique ?

Ce n'était pas l'idée de départ, vraiment.

Mais vous auriez pu être de gauche ?

Etre avec Nicolas Sarkozy, ce n'est pas simplement un engagement à droite : c'est le choix d'un homme, et d'un projet pour la France qu'il remet en marche. J'ai vu, comme tout le monde, le PS fuir la réalité, ou plutôt s'en abstraire, à la fin des années Jospin. Et la campagne de 2002 m'a stupéfaite. J'ai beaucoup de respect pour Lionel Jospin. Il est un homme honnête, intègre. Mais sa campagne était loin de tout. Selon moi, il n'avait rien à dire à la France, rien à proposer, rien à offrir... La réponse des électeurs n'a rien eu d'étonnant...

Vous avez préféré Ségolène Royal ?

Je ne suis pas en phase avec ses idées... Mais j'ai été impressionnée par la manière dont elle a bousculé les dirigeants socialistes, la détermination avec laquelle elle a été désignée. Et choquée aussi, tant elle a été attaquée, d'abord par ses camarades.

Vous posez un problème à la gauche...

Lequel ?

Instinctivement, elle vous aime bien : votre parcours, vos origines, votre courage, vous rendent sympathique aux progressistes. Mais vous êtes la ministre de ce Président, Nicolas Sarkozy, qu'ils ne supportent pas !

A chacun ses contradictions. Moi, je n'en ai aucune par rapport à Nicolas Sarkozy. Sans doute – on en a parlé – les socialistes auraient dû faire leur révolution culturelle plus tôt, cesser de gloser sur la « diversité » et plutôt la mettre en pratique... Mais je n'y suis pour rien si c'est Nicolas Sarkozy qui a répondu clairement aux Français et a ouvert immédiatement son gouvernement à la diversité.

L'indulgence de la gauche envers vous doit vous amuser.

En quoi?

Alors que vous portez des projets de loi résolument de droite, sécuritaires pour faire simple...

Des projets clairs. J'y tiens. Et, si vous le permettez, l'homme de gauche que vous êtes devrait apprécier la création d'un poste de Contrôleur général de tous les lieux de privation de liberté. Nous sommes allés bien plus loin que les Britanniques sur les droits fondamentaux de toutes les personnes privées de liberté. De même, je présenterai une loi pénitentiaire qui améliorera les conditions de vie des détenus; mais aussi les conditions de travail des personnels pénitentiaires. Il n'y a pas eu de grandes lois pénitentiaires depuis 1987.

Je reprends mon idée... Avant même de critiquer vos textes, vos opposants vous rendent hommage... Manuel Valls vous a défendue à l'Assemblée, Robert Badinter au Sénat.

Vous confondez. Sur le fond de mes projets, ils ne m'ont rien laissé passer, ce qui me va parfaitement. Manuel Valls et Robert Badinter ont combattu le texte que j'ai porté. Mais ils ont rendu hommage à Nicolas Sarkozy de sa décision de m'avoir nommée ministre. Beaucoup de gens considèrent qu'il a été courageux.

Et vous ? Vous trouvez courageux de vous avoir nommée ?

Ce n'est pas une question de courage, au sens où la société française serait hostile à quelqu'un comme moi. Je crois au contraire que la France est ouverte, dans ses profondeurs, et qu'elle ne demande qu'à l'être à son sommet. Il ne fallait pas particulièrement avoir du courage, mais de la volonté politique.

Et comment le vivez-vous, d'être aimée par les anti-Sarkozy ?

Je vous l'ai dit. Ce sont leurs contradictions, pas les miennes.

Pourquoi tant de gens le redoutent-ils ?

Il a été élu avec 53 % des voix. Pour quelqu'un de redouté c'est intéressant... Vous avez vu ses niveaux d'approbation dans l'opinion ?

Les électeurs des cités, des banlieues populaires, ont voté contre lui....

Ce n'était pas le cas partout. Lors du premier tour, il a fait un bien meilleur score dans ces quartiers que Jacques Chirac en 2002 ! On a tenté de faire croire qu'il était rejeté dans ces quartiers. Mais l'opinion n'a pas marché.

Le Nicolas Sarkozy des mots qui enflamment – Kärcher, racaille – a bien existé au-delà des médias ou de la propagande de gauche ?

J'ai vu des incidents, des moments, montés en épingle, transformés, réinterprétés. Il faudrait tout revisiter ici. Mais je peux vous parler de ce que j'ai vu. Nicolas Sarkozy que je connais, avec lequel je travaille depuis cinq ans. Je l'ai vu parler, regarder les Français, sans distance. J'ai organisé des déplacements pour lui. Je disais aux gens : « Je ne vous demande pas de lui dire que vous êtes d'accord ni de l'applaudir. Je voudrais que vous le rencontriez pour lui dire les difficultés que vous vivez. C'est un homme politique important. Il faut qu'il vous entende de manière sincère et dans le respect. »

Et il réagissait bien?

Cet homme regarde, entend, assimile. Je me souviens d'un déplacement chez Alstom, quand il était ministre de l'Economie. J'avais préparé la visite d'une usine et j'avais insisté, malgré quelques résistances, pour qu'il rencontre personnellement les ouvriers, les cadres et les employés. Après les avoir vus, après les avoir longuement rencontrés et entendus, il s'est engagé à tout faire pour sauver leur entreprise. Lorsque certains conseillers raisonnaient en termes macroéconomiques, pour lui justifier la création de nouveaux métiers au détriment d'anciens emplois industriels, il pouvait s'emporter : « Parce que vous pensez que quelqu'un qui a été ouvrier pendant trente ans, lui dire qu'il va se reconvertir dans la nano-technologie, c'est concret? C'est réaliste? Ne faites pas de la macroéconomie. J'ai en face de moi des hommes et des femmes qui à un moment donné perdent leur vie parce que pendant trente ans ils ont eu un savoir-faire et un seul métier! » J'ai cette scène en moi. Cet homme ne joue pas. Il ne triche pas.

Vous aimez ceux qui vous choisissent?

J'aime ceux que j'ai choisis. Et je choisis ceux dont je veux mériter la confiance. Je suis parfaitement lucide. Nicolas Sarkozy s'intéresse aux gens. Il met la main sur l'épaule. Il est dans le rapport physique. Il n'a pas peur des gens. J'ai vu des ministres qui parlaient de loin, qui s'éloignaient en faisant des signes de la main. J'ai été très frappée, quand nous sommes allés dans les quartiers difficiles, de sa franchise, de son ton direct avec les habitants. Il leur disait clairement ce qu'il pensait, mais il les écoutait aussi. Il est capable d'écouter. Il sait changer d'avis...

Par exemple ?

Prenez la double peine. La gauche a dit, « on va l'abroger », et ne l'a jamais fait. Nicolas Sarkozy est arrivé, il a rencontré des familles concernées. Et il a abrogé la double peine en convainquant son camp. Son pragmatisme n'est pas cynique. Il cherche des solutions dans l'intérêt des personnes... Quand il pousse à la création des internats de d'excellence, il le fait parce qu'il est allé dans des familles, il a vu des foyers avec des enfants scolarisés mais qui n'avaient ni bureau, ni place pour travailler.

Rien que pour son regard, je suis fière de l'accompagner.

Mais que de mots, pourtant... Le Kärcher à La Courneuve, en 2005...

Ce que je retiens de cette journée, c'est l'attention que porte Nicolas Sarkozy aux parents de Sidi Ahmed, le petit garçon assassiné. Parce que c'était cela, le drame de La Courneuve : un enfant tué, pris dans une fusillade alors qu'il était descendu nettoyer la voiture de son papa pour la fête des Pères... Après cette visite, nous avons suivi la famille, nous l'avons aidée à se reloger, parce que ces parents ne pouvaient plus rester là où leur fils avait été tué. C'était un drame, terrible, et on en a fait une polémique artificielle... Nicolas Sarkozy a pris depuis longtemps la mesure de la détresse de la société, il ne méprise pas les victimes. Et il le dit. Il pense qu'un homme politique qui ne prend pas en charge les peurs et les interrogations de la société ne joue pas son rôle. Quand on ne parle pas aux gens, quand on s'éloigne de leurs problèmes, ils s'éloignent de la politique. Ils s'exaspèrent. Et leurs réponses sont au diapason de leur exaspération. C'est exactement ce qui est arrivé le 21 avril 2002...

Ce jour où la France a mis l'extrême droite au second tour de la Présidentielle ?

Ce jour où les électeurs ont envoyé un message d'exaspération au monde politique. Vous savez très bien que le Front national a grandi sur le sentiment d'abandon, bien plus que sur le racisme. La France n'est pas raciste. Elle a eu le sentiment que le système politique ne pouvait plus rien faire ; ou ne le voulait pas.

Vous n'avez pas eu peur du Front national, toutes ces années ?

Si j'ai eu peur, ou plutôt si j'ai été atterrée, c'est de voir des hommes de gouvernement estimables ne rien avoir à dire à leurs concitoyens, au risque de provoquer leur colère – avec toutes ses conséquences. Quand on ne parle pas, quand on ne dit pas les choses, on provoque des catastrophes.

Et pour vous Nicolas Sarkozy a enrayé le phénomène.

Vous pouvez le constater : le Front national n'a jamais été aussi bas depuis vingt ans. Nicolas Sarkozy ne ment pas aux Français. Il n'arrange pas la réalité. Pendant toute la campagne, j'ai rencontré des gens qui disaient : « Nous votions FN et on va voter Nicolas Sarkozy ! » Et ils m'encourageaient.

Ce qui signifie ?

Les Français sont pragmatiques et pleins de bon sens. Quand on est agressé et abandonné, on se replie comme on peut sur ce qui rassure. Certains sur leur quartier, sur leur famille, sur leur origine... D'autres étaient chez Le Pen. Ils votaient pour lui pour ne plus jamais voter pour les autres. Cette fois-ci, ils sont revenus. On a reconquis leur confiance. Et il faut continuer à la mériter.

Quand vous légiférez dans l'urgence, pour répondre à l'actualité, répondez-vous aux attentes des Français ?

A quoi pensez-vous ?

Aux mesures prises à chaud après l'enlèvement du petit Enis, l'été dernier...

Nous n'avons pas légiféré pour répondre à l'actualité. Mais nous avons tiré les conséquences d'une situation inacceptable et choquante : un individu dangereux, reconnu comme tel, remis en liberté à l'expiration de sa peine, et enlevant aussitôt un petit garçon. Ne rien faire, c'est cela qui aurait été incompréhensible. Mais il y a une continuité dans l'action que nous avons menée, avec Nicolas Sarkozy au ministère de l'Intérieur, puis à mon arrivée au ministère de la Justice. La loi relative à la lutte contre la récidive, adoptée en août dernier, a imposé aux délinquants sexuels des obligations de soins : ils ne pourront plus bénéficier de libération conditionnelle en cas de refus de se soigner. Après l'enlèvement d'Enis, nous avons avancé, dans la même logique de protection des victimes potentielles : des individus dangereux, qui n'ont pas été soignés, ne peuvent pas être lâchés dans la nature, même s'ils ont purgé leur peine de prison : ils seront placés dans des « hôpitaux fermés », et ne pourrons pas sortir tant qu'ils représenteront une menace pour la société.

*L'actualité a nourri une conviction an-
cienne, un combat?*

Il s'agit de protéger les enfants. Et la société.
Il s'agit de respecter les victimes. Les remises
de peine automatiques, dont bénéficient également des condamnés qui n'ont fait aucun
effort de réinsertion, sont insupportables et
incompréhensibles.

*L'internement psychiatrique des condamnés
libérés, c'est une mesure très lourde...*

Le placement dans un hôpital fermé, après
examen et évaluation par un collège de médecins, suivi par des évaluations régulières, c'est
une mesure destinée à protéger la société et les
victimes. Une obligation de soin médical n'est
pas une atteinte aux droits de l'homme. Il
existe des dispositifs comparables aux Pays-
Bas et en Allemagne. Quand on regarde le
parcours de l'agresseur d'Enis, on est frappé
par sa logique. Depuis des années, il n'est
condamné que pour des agressions ou des viols
sur mineurs. Son parcours de vie est un parcours pénal. Et les étapes de ce parcours pénal
sont des infractions graves, des viols ou des

agressions sur mineurs. Et lui-même dit avoir « des pulsions »! Et des experts disent, avant sa sortie : « Il est dangereux et il n'est pas accessible aux soins pour l'instant. » Et pourtant il sort. C'est cela qui est choquant.

En l'état antérieur du droit, on ne pouvait rien faire de plus ?

Il était sous surveillance judiciaire, mais en liberté alors qu'il était reconnu dangereux ! Il est là le vide juridique.

Les mesures que vous prenez ne réduiront pas les risques à zéro ?

Ça n'existe pas.

Mais est-ce que là n'est pas le danger ? Faire croire au public que le risque zéro existe, que ce n'est qu'une question de volonté politique ? Vous aurez toujours un médecin qui se trompe, un juge qui oublie...

Le risque zéro n'existe pas, mais l'Etat, les politiques, le gouvernement, doivent afficher une tolérance zéro. C'est de la pure responsabilité politique. Les Pays-Bas ont créé des hôpitaux fermés. Ils m'ont dit, « ça ne donne pas une protection à 100 % ». Mais ils ont fait chuter drastiquement le taux de récidive.

Vous avez rencontré la famille d'Enis. Comment était-elle ?

Que dites-vous à quelqu'un dont l'enfant a été agressé et a failli mourir ? Tout ce qu'on peut dire à cette famille, c'est que nous travaillons pour que cela ne se reproduise plus.

C'est pour ces gens-là, ces victimes, que la politique est faite ?

La politique est faite pour les citoyens, pour leur donner de l'espoir. La politique, c'est le refus de l'abandon et du renoncement. Un ministre de la Justice est là pour tous les Français, pour combattre les injustices. L'impardonnable, c'est de ne rien tenter.

Ce refus du renoncement, c'est votre définition du sarkozysme ?

Ne pas renoncer, c'est l'idée même de l'engagement et de la politique. Quand j'ai travaillé pour Nicolas Sarkozy, au ministère, j'ai admiré sa manière de marier la réflexion de fond, la connaissance des dossiers, avec la présence sur le terrain. Il avait besoin de bouger, de sortir, d'aller soutenir son administration, ses agents, de voir par lui-même. J'ai l'intention de m'inspirer de ce modèle. Enormément de travail en amont, des textes, des remises en cause des habitudes. Et une présence physique sur le terrain. J'ai besoin de me rendre compte directement des situations. Par exemple, sur le droit des mineurs, il faut vraiment être sur le terrain pour bien comprendre l'application de l'ordonnance de 1945, relative à l'enfance délinquante. Quand j'ai défendu la loi sur la récidive, je me suis nourrie d'exemples...

Pensez-vous ressembler à Nicolas Sarkozy ?

Nos parcours ne sont pas les mêmes. Ce serait prétentieux de ma part de me comparer à Nicolas Sarkozy. Je n'ai pas la même force. Je n'ai pas le même cuir. Ce qui pourrait être comparable, c'est que nous avons toujours dû nous battre.

Personnellement, votre parcours m'impressionne plus ! Il y a plus loin de Chalon-sur-Saône à la Chancellerie que de Neuilly à l'Elysée.

Sauf que j'ai été nommée au ministère de la Justice par Nicolas Sarkozy. Alors que lui a commencé comme militant de base, a franchi toutes les étapes de la vie politique et électorale, avant d'être Président.

Quand êtes-vous devenue plus qu'une collaboratrice pour lui ?

C'est la vie qui crée cela. Petit à petit. Le lien s'est nourri du temps et de la confiance. J'ai du respect et de la déférence pour lui.

Et l'amitié avec son épouse, Cécilia ?

Elle s'est nouée au fil du temps. Elle s'est nourrie, au départ, de l'intérêt que portait Cécilia Sarkozy à des sujets que je traitais au cabinet. La prévention de la délinquance, la protection des mineurs, les violences conjugales l'intéressaient. Et ce faisant, nous nous sommes rencontrées.

Pourquoi devient-on amis ?

On devient amis par l'envie et le plaisir qu'on a à se retrouver. C'est quelque chose de très rare.

Cécilia Sarkozy fait partie de ces personnes rares dans votre vie ?

Oui. Et elle le sait.

Elle a déclaré au Nouvel Observateur *que vous étiez « plus qu'une amie », mais sa « sœur »... « Rachida c'est plus qu'une amie, c'est ma sœur. Je ne la lâcherai jamais. Je connais tout d'elle, et je l'aime profondément. Elle est de la race des seigneurs. Quand je n'étais pas forcément à la mode – vous voyez ce que je veux dire –, elle a été proche de moi. A tous les moments de ma vie. Elle m'envoyait de longs messages. Des messages d'amour. C'est d'elle que sont venues les plus jolies choses qu'on m'ait jamais dites. »*

Et c'est certainement une des plus jolies choses qu'on ait pu dire de moi...

Cécilia Sarkozy a joué un rôle dans votre carrière. C'est elle qui aurait eu l'idée de faire de vous la porte-parole de Nicolas Sarkozy?

Nicolas Sarkozy voulait quelqu'un qui ressemble à la société française. Et Cécilia Sarkozy lui a suggéré que je pouvais correspondre à la France d'aujourd'hui. Nicolas Sarkozy n'est pas un homme de coups. Il n'improvise pas. Il a mûri sa décision, avant de me choisir. Mais il y a eu des résistances...

Quel type de résistances?

Il y avait des doutes. Je n'avais jamais été exposée médiatiquement. J'étais un conseiller, quelqu'un de l'ombre. Personne ne savait ce que je donnerais, exposée d'un coup à la lumière... Il y avait cette incertitude. Mais Nicolas Sarkozy avait choisi.

Certains ont-ils essayé de vous décourager?

Ça ne se joue pas comme ça, une campagne présidentielle. Et c'est vrai que ma nomination pouvait être un risque... On le disait à Nicolas Sarkozy, mais aussi à moi, directement, de manière maladroite, « pour mon bien » encore une fois. « Tu es formidable, mais je suis sûr que tu n'iras pas trop loin. Si j'étais toi, je n'accepterais pas si Nicolas me proposait quelque chose d'important. Porte-parole, c'est trop risqué. Tu es plus efficace pour nous si tu restes dans l'ombre. » Et l'argument massue : « Crois-moi, j'ai de l'ancienneté dans la vie politique. »

Vous n'avez jamais eu la moindre intention de céder ?

Là aussi, ce n'est pas si simple. Je réfléchissais. J'avais besoin de me tester. De tester mon degré de lucidité sur la France, sur la société, sur son combat politique, sur ses idées. Etais-je capable de tenir un débat d'idées avec un autre politique ? Etais-je capable de parler de la France ? Saurais-je traduire en mots le projet de mon candidat ? Quand la situation s'est décantée, quand Nicolas Sarkozy m'a nommée porte-parole, j'étais au clair avec moi-même.

Vous n'avez plus douté ?

J'ai eu envie de me montrer capable. On m'avait confié une mission, j'ai tâché d'en être digne. C'était une responsabilité importante. J'avais besoin de connaître mes dossiers, de me les approprier. J'ai continué à travailler comme je le faisais depuis quatre ans et demi auprès de Nicolas Sarkozy.

Quelle a été votre première émission ?

Jean-Pierre Elkabbach, sur Europe 1. Au début, on m'a surtout demandé de parler de moi. Qui êtes-vous, pourquoi travaillez-vous pour Sarkozy, est-ce facile de travailler pour lui ?

Ce n'est pas évident, d'être le porte-parole de quelqu'un qui parle par ailleurs énormément ?

Au contraire, ça vous facilite la tâche. Plus il parle, plus vous reprenez ses arguments. Quand on défend un candidat qui ne dit pas grand-chose sur le fond, c'est plus compliqué.

De manière générale, les journalistes – je parle de la période de la campagne électorale – vous ont bien accueillie ? Ou ils vous ont traitée en intruse ?

Le vrai choc est venu après ma nomination au ministère. Avant, c'était plus de la simple curiosité. Rapidement, j'ai abordé les thèmes de la campagne, le fond des dossiers.

Quand Nicolas Sarkozy ne se décidait pas à retourner en banlieue, c'est vous qui avez dialogué avec des associations, et qui lui avez monté cette réunion à Meaux...

Cette histoire de « retourner en banlieue », c'était un piège. Nous ne sommes pas tombés dedans ! Quant à mon rôle : j'ai parlé avec des associations de ces quartiers populaires, comme à d'autres associations. Des groupes de femmes, qui demandaient que je vienne, des associations liées à la justice, des associations de victimes.

Et Meaux ?

Je l'y ai accompagné, comme je suis aussi allée à Marseille, Lille ou Perpignan. J'étais porte-parole de campagne du candidat. Ça a été une séance intéressante. Très directe. Il a été franc. D'ailleurs, il est resté plus longtemps que prévu...

Vous n'avez jamais été inquiète ?

De quoi ?

Que l'image qu'on lui scotchait devienne sa réalité politique. Qu'il ne réussisse pas à décoller l'étiquette du « sarko-facho » ?

Non, parce c'était tellement faux ! Il suffisait de le voir pour effacer ce cliché. Il sait parler aux gens. Il les recevait, il les convainquait... Et même ceux qui restaient en désaccord le respectaient : « C'est quand même un homme bien. On n'est pas d'accord avec lui, mais il est bien. Il n'est pas du tout comme on a pu le décrire dans la presse. »

Cette campagne vous a-t-elle changée ?

J'ai beaucoup aimé rencontrer les Français lors des réunions publiques, et en particulier les débats, où il fallait argumenter et convaincre. J'étais tellement fière de défendre des idées pour la France.

Comment ont réagi les socialistes ?

La plupart, très sympathiquement – en dehors des confrontations publiques, bien sûr. Certaines personnes avaient peur pour moi lors des débats. Mais je croyais tellement en ma mission, et j'étais tellement imprégnée de la thématique de la campagne, de l'ardente obligation de remettre la France en marche, que j'ai passé l'obstacle...

Vous étiez devenue une combattante ?

Je ne serai jamais un tribun. Mais la confrontation, la dialectique du débat, me motivent.

Et à l'UMP, on a salué vos succès ? Quels étaient vos rapports avec Xavier Bertrand, l'autre porte-parole ?

Nous n'avons pas eu de problème. Mais nous n'avions pas la même manière de travailler, ni d'aborder la campagne. J'ai été aidée par Emmanuelle Mignon, alors directrice des études de l'UMP, avec laquelle je préparais mes argumentaires et mes débats. C'est quelqu'un de bien, de droit et de pudique, qui a du mal à montrer ses sentiments. Mais elle est très généreuse. Et je n'oublierai jamais ce qu'elle a fait pour moi.

Vous avez aimé cette campagne ?

J'aime la France. Plus on vote, plus la République est forte. Et plus des parcours comme le mien deviennent légitimes.

Vous souvenez-vous de la victoire du 6 mai ?

Je me souviens avoir regardé Nicolas Sarkozy. Je ne regardais que lui. Froidement, d'une manière presque glacée – moi qui aime et admire cet homme. Je voulais saisir l'essence même du moment. Un homme devient Président de la République... J'étais au QG de campagne quand nous avons su. C'est lui qui a reçu un appel téléphonique. Je l'ai observé. Il s'est figé un instant. Je le regarde. Il a un visage qui se détache sur la lumière. Il n'a pas explosé de joie. Subitement, je l'ai vu seul, alors qu'il y avait tout le monde autour de lui.

Vous êtes dans une admiration totale...

Je travaille avec lui. Je sais le prix de cette victoire. Je sais ce qui le porte, l'amour de la France et cette conviction qu'il doit répondre aux espoirs des Français. J'ai vu, pendant cette campagne, Nicolas Sarkozy changer, devenir non plus le chef de la droite, mais un homme d'Etat pour la France...

Et après cet instant immobile, qu'avez-vous fait ?

Le bruit est revenu. Des cris de joie, des rires. Et je suis allée sur les plateaux de télévision commenter cette nouvelle page de l'histoire de la France.

Quand avez-vous su que vous alliez devenir ministre ?

Quand Nicolas Sarkozy me l'a annoncé. Donc pas immédiatement après l'élection. Pendant quelques jours, le temps a été comme suspendu. Le Président s'est installé rue Saint-Dominique. Un soir, lors d'un dîner, il m'avait dit en souriant : « J'ai de grands projets pour toi. » J'avais répondu, « de toute façon, là où vous me mettrez, si je continue à travailler avec vous, je serai bien ».

Et ensuite ?

Ensuite, il a affiné son équipe gouvernementale. Il y avait des bruits. Des espoirs. J'essayais de ne rien savoir. J'avais des encouragements de l'extérieur. Des gens qui m'avaient découverte, pour qui je représentais quelque chose...

Vous avez cherché à hâter le processus ?

Non. Et un jour, Nicolas Sarkozy m'a fait venir dans son bureau : « Voilà. Je souhaiterais que tu sois mon ministre de la Justice. »

C'est tout ?

Il a ajouté : « Je veux que tu travailles, je veux que tu réussisses, et s'il te plaît, arrête de pleurer ! »

Vous pleuriez ?

J'ai fondu en larmes. C'était trop brusque, trop fort. Je me suis dit, « voilà, la France permet cela ». J'ai eu un flash-back de ma vie pratiquement jusqu'à mon enfance. J'ai vu toute ma vie. Et cette pensée qui dominait tout le reste : la France permet cela.

C'était quand ?

Le 15 mai, je crois. Le 16, Nicolas Sarkozy est entré à l'Elysée. Le 17, François Fillon m'a reçue officiellement. Et le 18, j'étais au gouvernement.

Qu'est-ce que vous vous dites, avec François Fillon ?

C'est un moment de gravité. On est là, tous les deux. Et lui me dit : « Je voulais t'annoncer officiellement que tu seras Garde des Sceaux. »

C'est curieux, cette scène dans le bureau de Fillon. Vous êtes là tous les deux, lui et vous, dans cette situation, uniquement par la volonté, le choix d'un autre.

La Ve République, c'est ça. Mais ce n'est pas une histoire magique, une nomination de droit divin... Avant, le Président et François Fillon ont discuté des nominations... Là, on formalise. J'ai toujours considéré que le formalisme est important. Je prenais la mesure de la tâche.

Et c'est ainsi que vos ennuis ont commencé... Et peut-être aussi la peur de tout perdre, si vous ne l'aviez pas avant?

La peur de perdre?

Oui. Que votre mur patiemment construit s'écroule, que tous les efforts, les sacrifices, les tensions, se révèlent vains, si jamais vous échouez. Si vous cessez, demain, d'être ministre...

Etre ministre n'est pas un statut, c'est un honneur et une responsabilité.

Quand Nicolas Sarkozy vous a annoncé votre nomination, qui avez-vous prévenu?

Mon père était chez ma sœur Malika. Je les ai rejoints. Je n'ai appelé personne. Je suis allée directement là-bas.

Qu'est-ce qu'ils ont dit ?

Mon père m'a juste dit : « Il faut que tu travailles. »

Lui aussi y est arrivé, qui vous poussait, petite, à apprendre ?

Il vit mon ministère et s'inquiète pour moi. Lors du débat sur la récidive, il était dans les tribunes, avec ma sœur. Quand les journaux ont attaqué notre famille, il a été meurtri et inquiet. Il lit tout ce qui paraît sur moi. Il suit mes débats télévisés. « Quand tu es sur le plateau, j'ai l'impression que je suis avec toi, me dit-il. J'ai l'impression que c'est moi qui ne vais pas savoir répondre. » Mais j'ai peur qu'il se fasse du mal en s'impliquant ainsi. A la fin de la campagne, je ne lui donnais plus les horaires de mes débats, pour lui éviter le stress des directs. Je lui offrais le DVD ensuite.

Et votre père spirituel, Albin Chalandon ?

Le jour de la passation des pouvoirs, je l'ai appelé. Je suis passée le prendre, et je l'ai amené au ministère, là où il y a vingt ans...

Et vous êtes devenue ministre...

J'ai été nommée le 18 mai. Dès l'après-midi, j'étais au centre pénitentiaire de Fleury-Mérogis. Le surlendemain au tribunal de Créteil. Et depuis, je travaille. Comme toujours, depuis... aussi loin que je puisse me rappeler.

Mais désormais, vous êtes célèbre.

J'espère ne pas l'être pour de mauvaises raisons. J'espère que personne ne voit en moi l'héroïne d'un conte de fées. J'ai été bouleversée de l'intérêt des médias étrangers pour moi, parce qu'en réalité, c'était un engouement pour notre pays, en train de changer. Ce que je suis montre que la France est belle, quand elle veut. Que la France n'est pas raciste. Qu'on peut monter au mérite, par son travail... Mais vous savez déjà ce que j'en pense...

Personne n'a votre secret de fabrication ?
Non.

Et de toute manière, il n'y en a pas ?
Non.

Paris-Casablanca-Paris,
juillet-août-septembre 2007.

Achevé d'imprimer sur les presses de

BUSSIÈRE

GROUPE CPI

à Saint-Amand-Montrond (Cher)
en octobre 2007
pour le compte des Éditions Grasset,
61, rue des Saints-Pères, 75006 Paris.

N° d'édition : 15066. — N° d'impression : 073479/4.
Dépôt légal : octobre 2007.

Imprimé en France